ZPW-2000A 型轨道电路应用丛书

ZPW-2000A 型轨道电路
工程设计与施工

杨晓锋　李智宇　刘传华　编著

中国铁道出版社有限公司

2021 年 · 北　京

内 容 简 介

本书分工程设计篇和工程施工篇，主要介绍ZPW-2000A型轨道电路的工程设计与施工。工程设计篇包括ZPW-2000A型轨道电路概述、ZPW-2000A型轨道电路工程设计；工程施工篇包括轨道电路长度测量及设备定位、信号电缆线路施工、室外轨道电路设备安装、室内轨道电路设备安装、轨道电路设备调试。

本书可供从事ZPW-2000A型轨道电路工程设计、施工的专业技术人员以及现场维护人员学习和参考。

图书在版编目(CIP)数据

ZPW-2000A型轨道电路工程设计与施工/杨晓锋，李智宇，刘传华编著.—北京：中国铁道出版社有限公司，2021.1

(ZPW-2000A型轨道电路应用丛书)

ISBN 978-7-113-27242-5

Ⅰ.①Z… Ⅱ.①杨… ②李… ③刘… Ⅲ.①轨道电路-电路设计②轨道电路-电力工程-工程施工 Ⅳ.①U284.2

中国版本图书馆CIP数据核字(2020)第167574号

书　　名：ZPW-2000A型轨道电路工程设计与施工

作　　者：杨晓锋　李智宇　刘传华

责任编辑：李嘉懿　　**编辑部电话：**(010)51873147　　**电子信箱：**ljy_jtu@163.com

封面设计：刘　莎

责任校对：孙　玫

责任印制：高春晓

出版发行：中国铁道出版社有限公司(100054，北京市西城区右安门西街8号)

网　　址：http://www.tdpress.com

印　　刷：国铁印务有限公司

版　　次：2021年1月第1版　2021年1月第1次印刷

开　　本：880 mm×1 230 mm　1/32　印张：4.75　字数：120千

书　　号：ISBN 978-7-113-27242-5

定　　价：32.00元

前　言

轨道电路是列车运行控制系统的重要安全基础装备，其利用钢轨作为导体构成电路系统，列车轮对与钢轨接触形成电气短路，通过接收端电气状态变化实现区段占用空闲检查，通过钢轨向车载设备传递控制信息，并实时实现对钢轨完整性的检查。

ZPW-2000A 型轨道电路是在法国 UM71 型无绝缘移频自动闭塞系统技术引进、国产化的基础上，结合我国国情进行的技术再开发，具有完全自主知识产权。在传输安全性、传输长度、系统可靠性、可维修性以及技术性价比等方面都具有国际领先优势。2003 年 6 月，铁道部明确 ZPW-2000 作为全路统一发展制式，2004 年获得铁道部科技进步一等奖、2006 年获得国家科技进步二等奖。2008 年，完成适用于列控中心通信编码和无砟轨道线路的研究开发，开始全面应用于我国的高速铁路建设中，并在安全可靠性、环境适应性、可维护性等方面取得了显著的技术进步，为推动我国列控技术发展、打造中国高铁核心竞争力起到了重要作用。

“ZPW-2000A 型轨道电路应用丛书”由北京全路通信信号研究设计院集团有限公司的 ZPW-2000A 型轨道电路研发应用团队编写。在十余年的科学研发与实际运用中，团队秉承“从理论中来，到工程中去”的原则，主编或参编了多项轨道电路相关技术标准，解决了绝缘破损机车信号越区传输防护、动车组分路、列车轮对电弧灼伤钢轨、无砟道床适应性、枢纽地区多线并行干扰防护、雷电保护、智能预警报警诊断定位、轨旁设备自监测等一系列技术难题,填补了行业空白。在维修维护领域,该团队始终奋战在现场一线,解决了我国铁路系统中大量“看不见、摸不着”的难题。丛书共分为三册,分别从工程设计与施工、维护与调整、故障分析与处理三个方面对 ZPW-2000A 型轨道电路的应用进行了阐述。丛书旨在帮助从事 ZPW-2000A 型轨道电路维护工作的相关专业技术人员全面掌握 ZPW-2000A 型轨道电路的设计、施工要领,维护与调整,故障处理的理念和技巧。

本书是“ZPW-2000A 型轨道电路应用丛书”之一,为 ZPW-2000A 型轨道电路系统的工程设计、施工提供参考。本书从 ZPW-2000A 型轨道电路系统特点、运用环境、设备配置、工程施工、设备安装和系统调试入手,结合工程实际及运用经验,对工程设计中涉及的频率布置、区段长度设计、补偿电容设置、道岔区段设置、接地、回流、电源、智能诊断及室外监测、无线闭塞中心边界应用及其他注意事项等进行描述,为工程设计人员、维护人员提供工程应用方案。对工程施工中的区段长度确定方法、电缆敷设、配线、室外设备安装工艺及系统调试方法提供图解,便于施工人员、维护人员掌握施工方法,达到提升工程质量和效率的目的。

本书由杨晓锋、李智宇、刘传华编著。第一篇由杨晓锋编写,第二篇由刘传华编写。李智宇对全书进行审核、整理校对。

由于编写时间仓促,编者水平有限,错误之处在所难免,欢迎读者不吝赐教,予以指正。

编　者
2020.5

目　录

第一篇　工 程 设 计

第一篇

工程设计

第一章　ZPW-2000A 型轨道电路概述

第一节　系统构成

根据编码方式不同,ZPW-2000A 型轨道电路可分为 ZPW-2000A · T 型(通信编码)和 ZPW-2000A · J 型(继电编码)。

一、基本功能和设备构成

1. 基本功能

(1)轨道区段的空闲、占用检查,向计算机联锁等系统提供检查结果。

(2)向车载信号设备传送机车信号信息。

(3)钢轨电气断离检查。

2. 设备构成

(1)室内设备:发送设备、接收设备、模拟电缆设备等。

(2)室外设备:信号电缆、补偿电容器、调谐设备、匹配设备等。

二、系统结构

1. 通信编码 ZPW-2000A · T 型轨道电路系统结构

(1)电气绝缘节-电气绝缘节结构如图 1-1 所示。

(2)机械绝缘节-电气绝缘节结构如图 1-2 所示。

(3)站内无岔区段轨道电路结构如图 1-3 所示。

(4)站内道岔区段轨道电路结构如图 1-4 所示。

(5)站内股道区段轨道电路结构如图 1-5 所示。

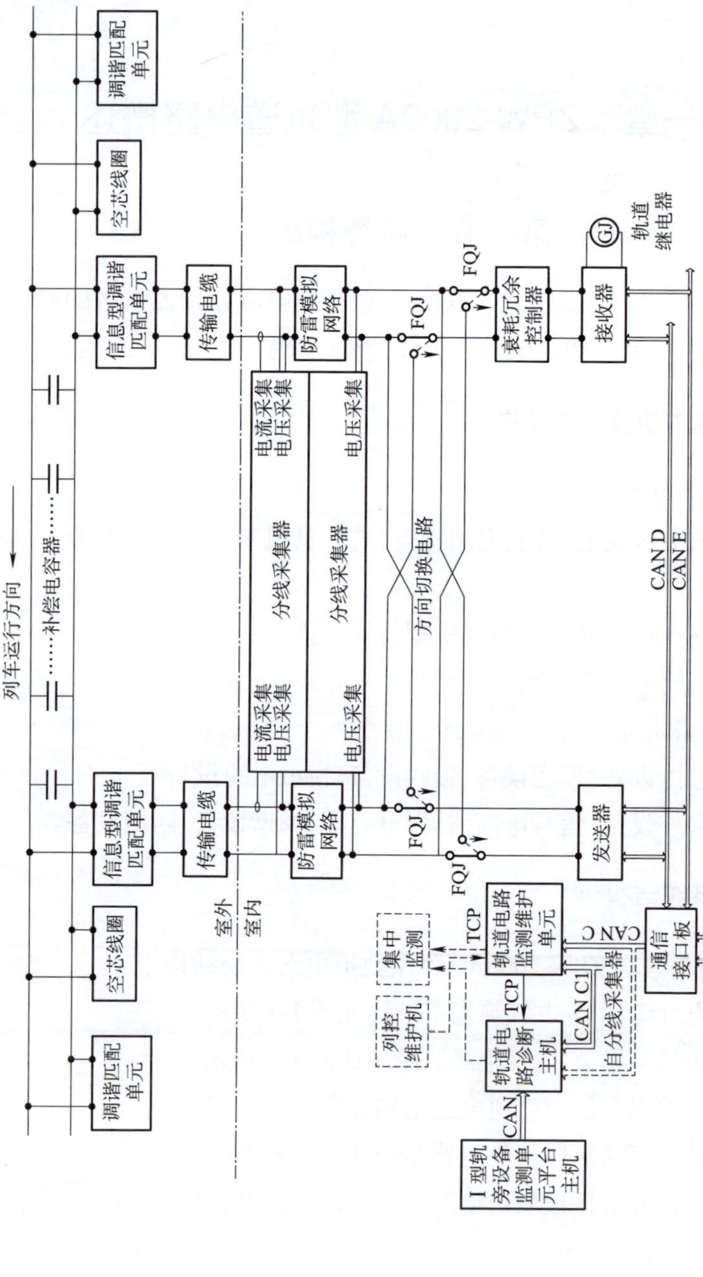

注：室外分布式采集模块安装于ZPW·PTX型调谐匹配单元防护盒内。

图 1-1 ZPW-2000A·T型电气绝缘节-电气绝缘节结构

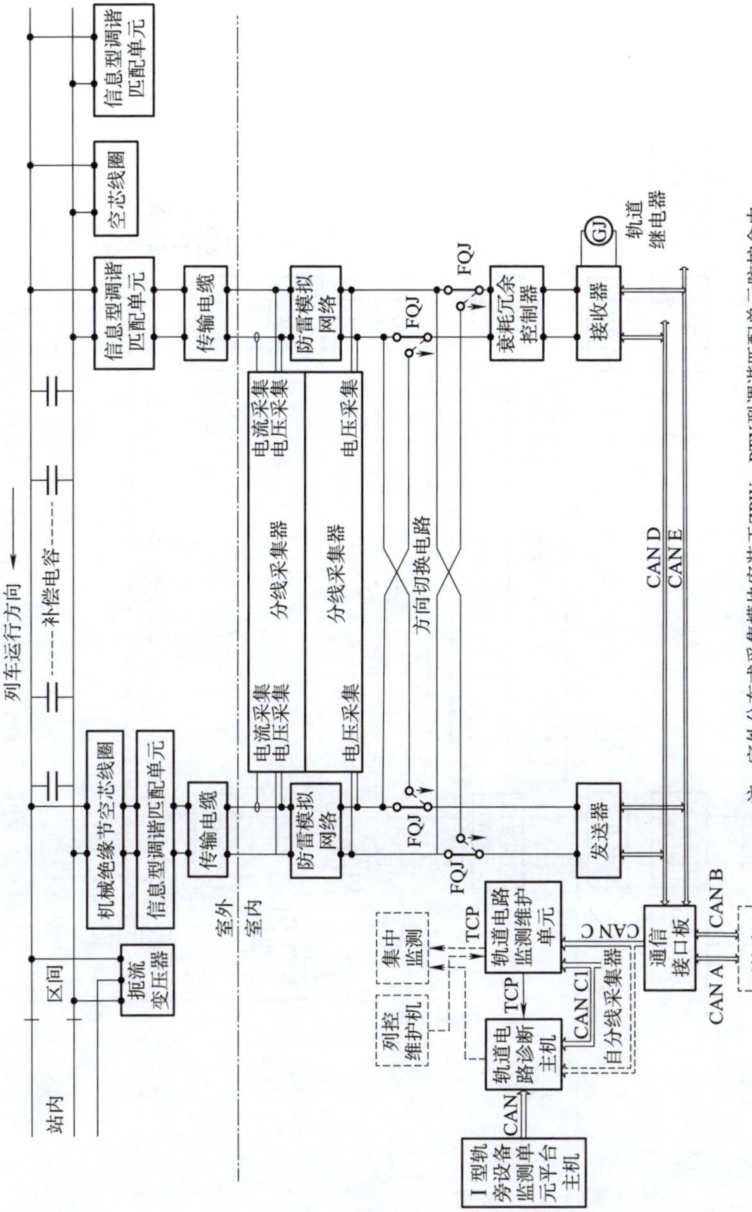

注：室外分布式采集模块安装于ZPW · PTX型调谐匹配单元防护盒内。

图 1-2　ZPW-2000A · T型机械绝缘节-电气绝缘节结构

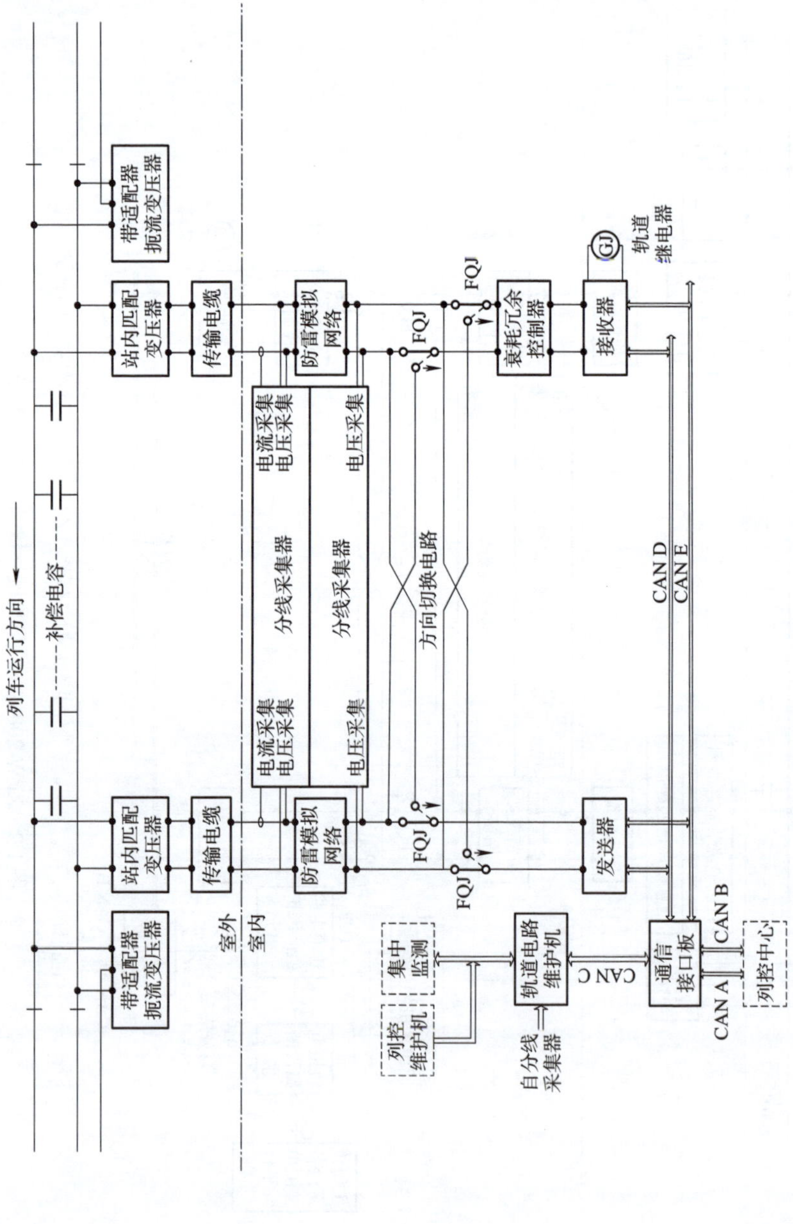

图 1-3　ZPW-2000A・T型站内无岔区段轨道电路系统结构

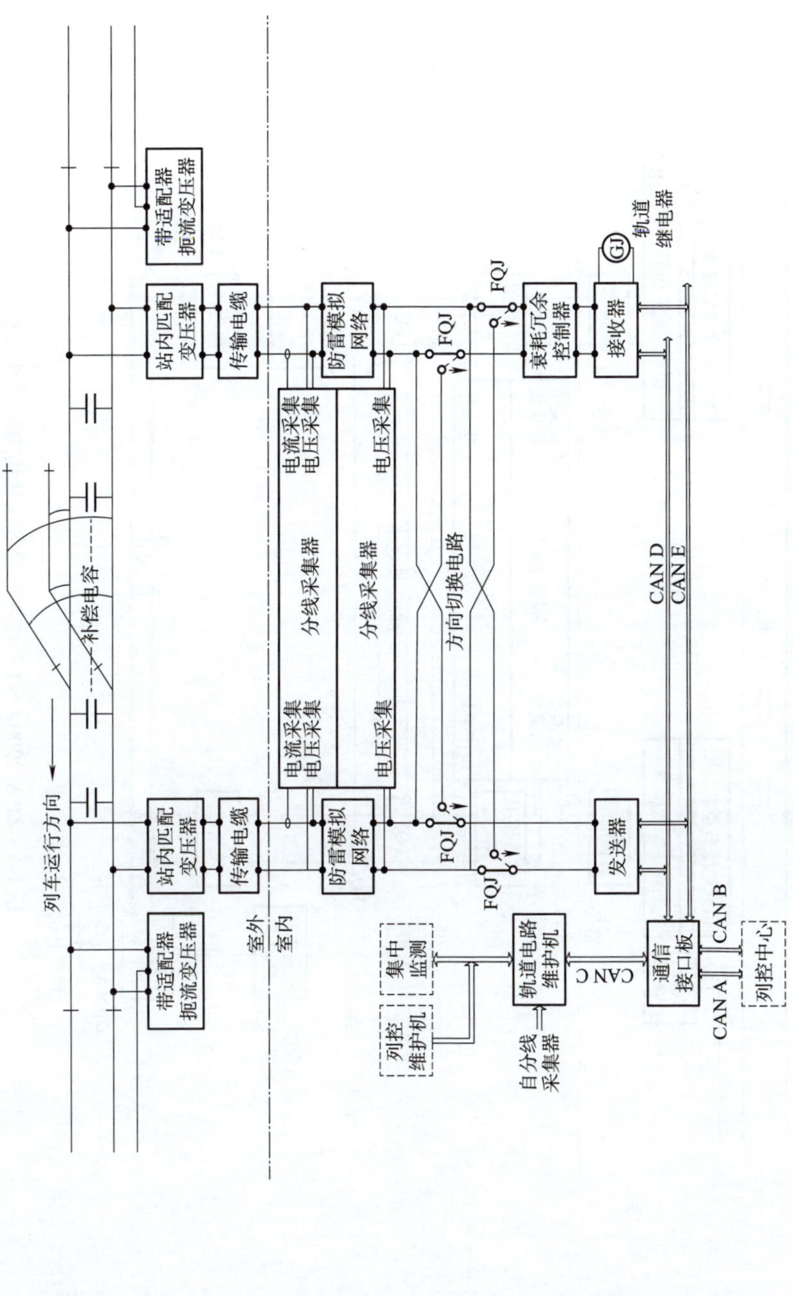

图 1-4 ZPW-2000A・T型站内道岔区段轨道电路系统结构

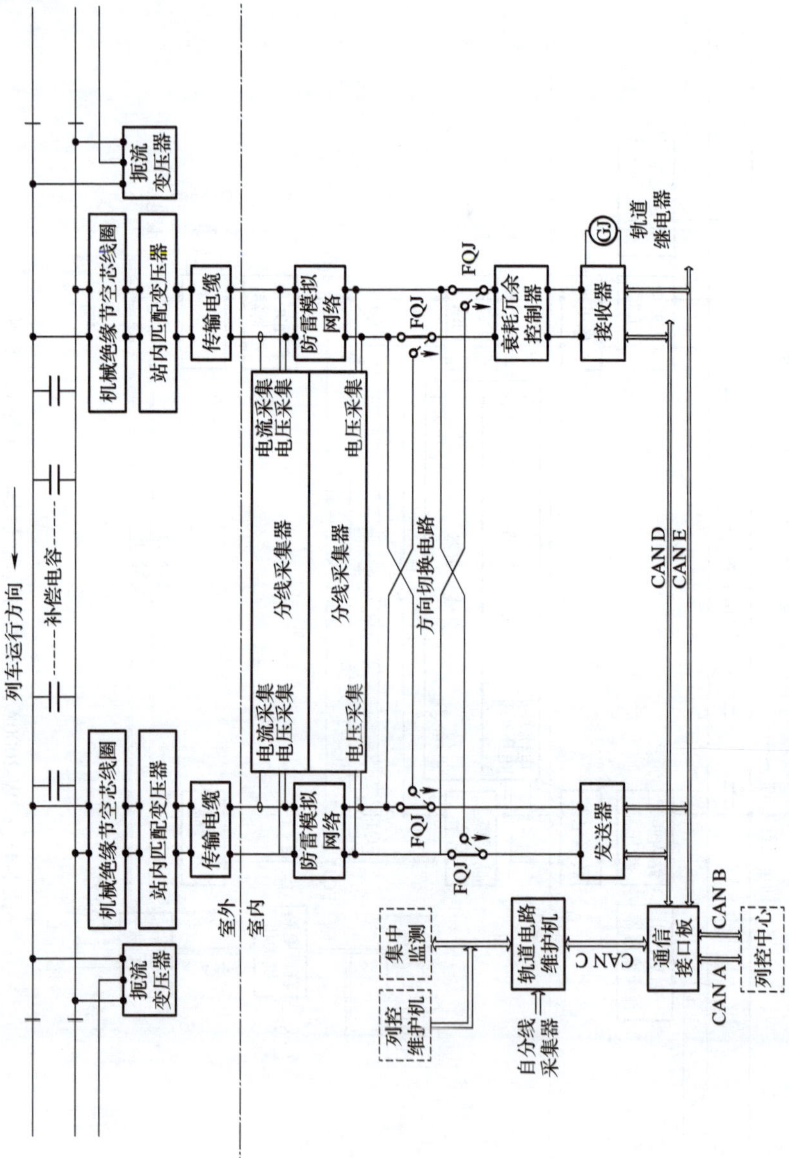

图1-5 ZPW-2000A·T型站内股道区段轨道电路系统结构

2. 继电编码 ZPW-2000A · J 型轨道电路系统结构

继电编码 ZPW-2000A · J 型轨道电路仅在区间应用。

(1)电气绝缘节-电气绝缘节结构如图 1-6、图 1-7 所示。

(2)机械绝缘节-电气绝缘节结构如图 1-8、图 1-9 所示。

第二节　运用环境及技术条件

一、环境条件

(1)使用环境温度

室内温度为：-5 ℃ ~ +40 ℃；

室外温度为：-40 ℃ ~ +70 ℃。

(2)周围空气相对湿度

室内：不大于 85%(温度为 30 ℃时)；

室外：不大于 95%(温度为 30 ℃时)。

(3)大气压力

70.1 ~ 106.2 kPa(相当于海拔高度 3 000 m 以下)。

(4)周围无腐蚀性和引起爆炸危险的有害气体。

(5)振动条件：

室内设备：在 10 ~ 150 Hz 时应能承受加速度为 5 m/s^2 的正弦稳态振动；

室外设备：在 10 ~ 500 Hz 时应能承受加速度为 10 m/s^2 的正弦稳态振动。

二、技术条件

1. 信号频率

基准载频、载频类型、频偏及载频频率见表 1-1，低频调制信号频率见表 1-2。

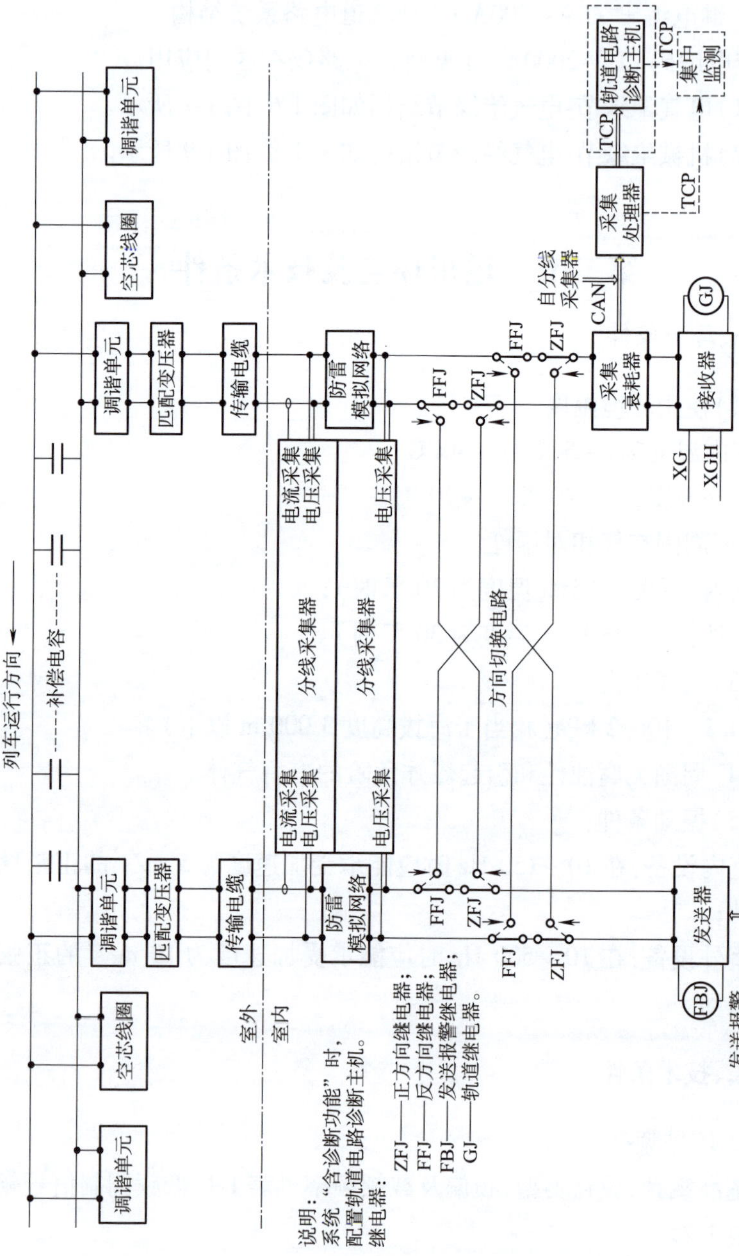

图 1-6 ZPW-2000A · J型区间轨道电路电气绝缘节-电气绝缘节结构

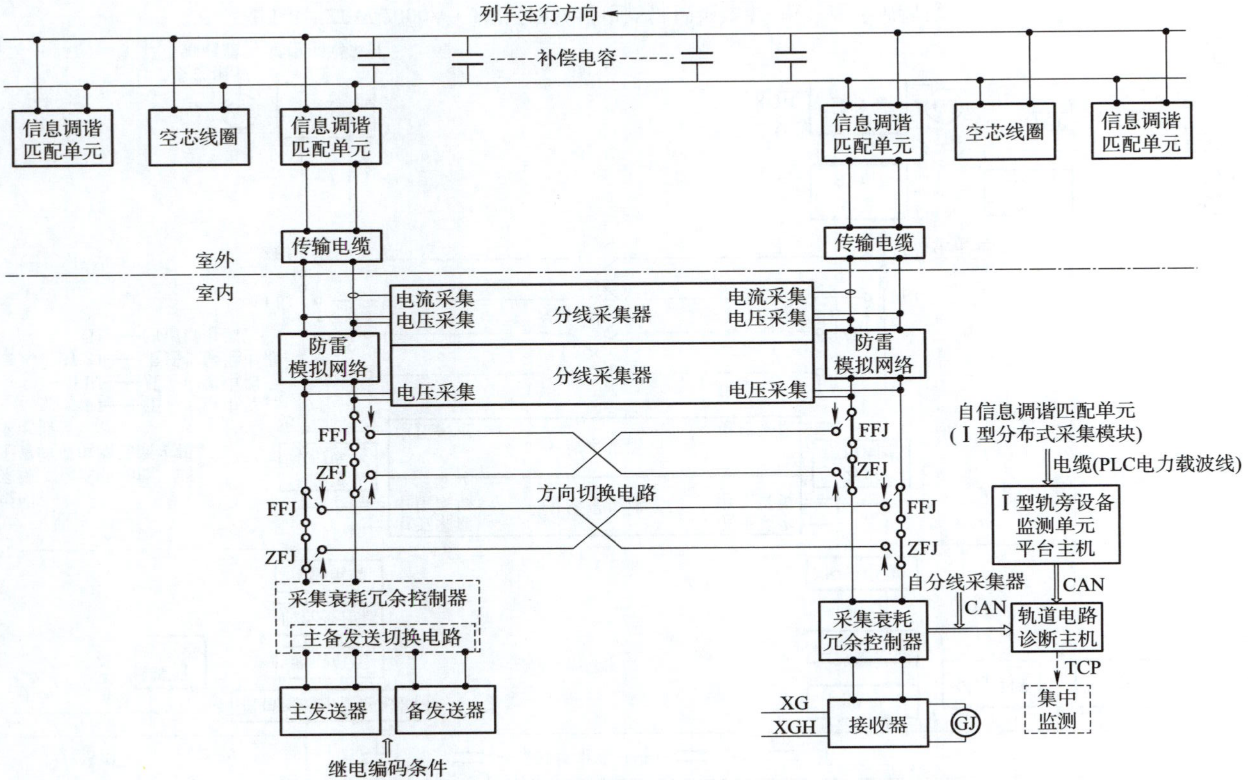

图1-7 ZPW-2000A·J3型区间轨道电路电气绝缘节-电气绝缘节结构

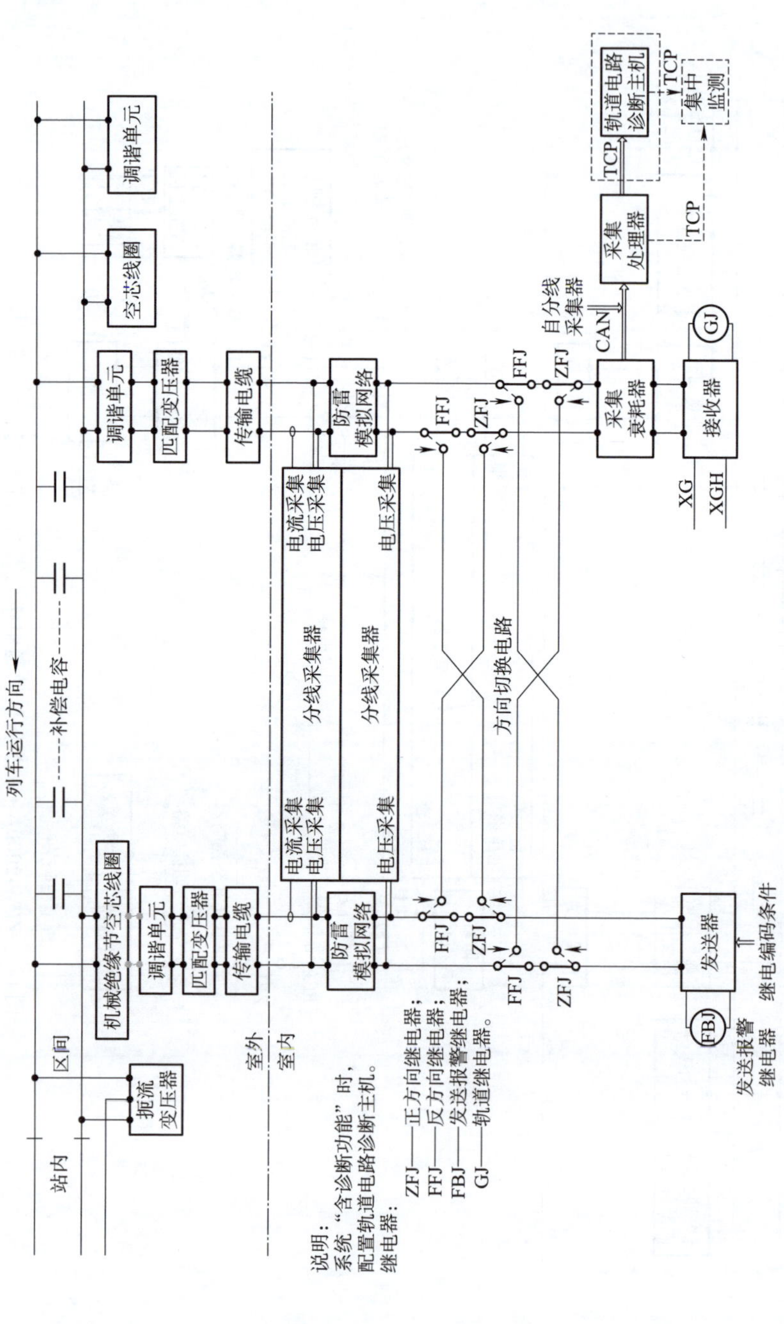

图 1-8 ZPW-2000A·J型区间轨道电路机械绝缘节-电气绝缘节结构

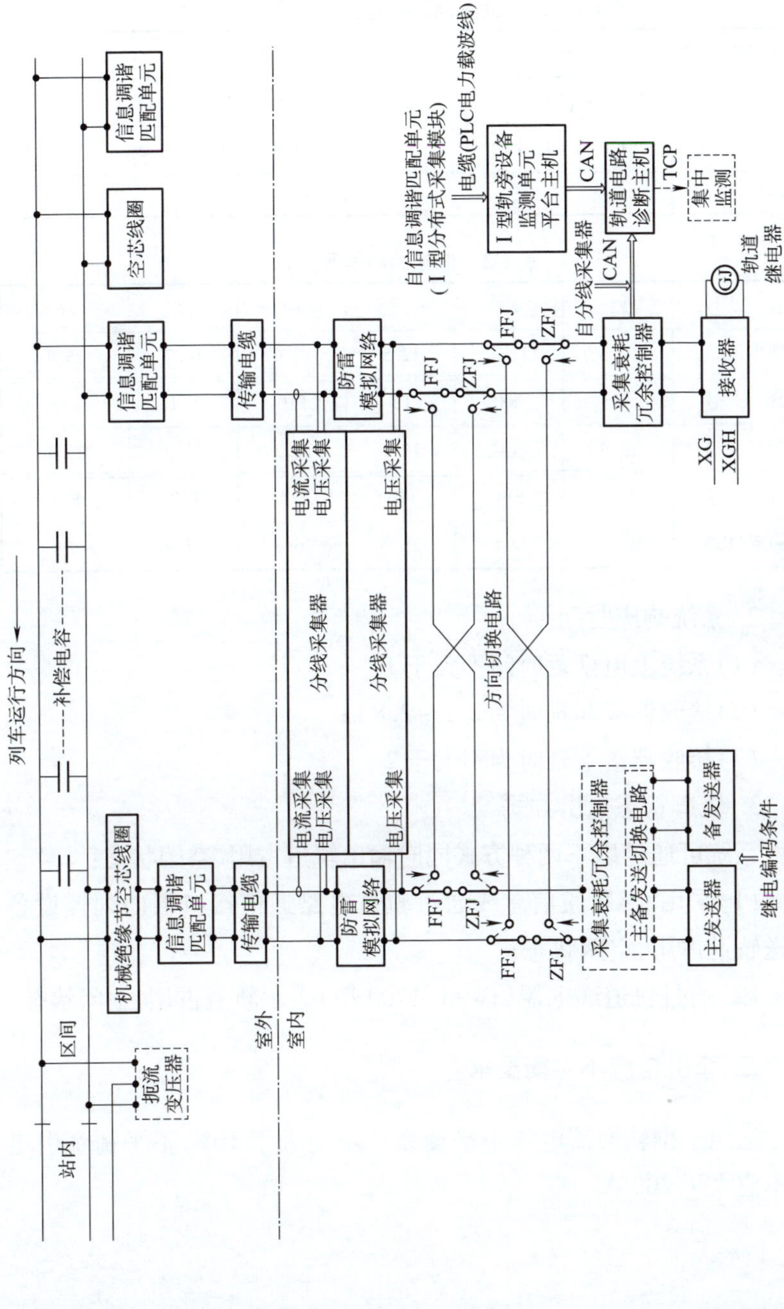

图 1-9　ZPW-2000A・J3 型区间轨道电路机械绝缘节-电气绝缘节结构

表 1-1 基准载频、载频类型、频偏及载频频率

基准载频(Hz)	1 700		2 000		2 300		2 600	
载频类型	1700-1	1700-2	2000-1	2000-2	2300-1	2300-2	2600-1	2600-2
载频频率(Hz)	1 701.4	1 698.7	2 001.4	1 998.7	2 301.4	2 298.7	2 601.4	2 598.7
频偏(Hz)	±11							

表 1-2 低频调制信号频率

序　　号	F1	F2	F3	F4	F5	F6
频率(Hz)	10.3	11.4	12.5	13.6	14.7	15.8
序　　号	F7	F8	F9	F10	F11	F12
频率(Hz)	16.9	18	19.1	20.2	21.3	22.4
序　　号	F13	F14	F15	F16	F17	F18
频率(Hz)	23.5	24.6	25.7	26.8	27.9	29

2. 系统响应时间

(1)系统上电恢复时间不大于 10 s;

(2)接收器吸起延时为 2.3~2.8 s;

(3)接收器落下延时为不大于 2 s。

3. 轨道状态输出方式

系统可通过以下两种方式同时输出轨道占用、空闲状态:

(1)采用 CAN 通信总线通过轨道电路通信接口板向列控设备传送轨道占用、空闲状态;

(2)通过轨道继电器(JWXC-1700 型)表示轨道占用、空闲状态。

三、牵引电流不平衡要求

适用于钢轨回流电流不平衡系数不应大于 10%,不平衡牵引电流不应大于 200 A。

四、钢轨参数要求

（1）有砟路基参数（表 1-3）

表 1-3　有砟路基参数

频率（Hz）	钢轨阻抗（不大于）	
	电阻（Ω/km）	电感（mH/km）
1 700	1. 178	1. 314
2 000	1. 307	1. 304
2 300	1. 436	1. 297
2 600	1. 556	1. 291

（2）无砟路基参数（表 1-4）

表 1-4　无砟路基参数

频率（Hz）	钢轨阻抗（不大于）	
	电阻（Ω/km）	电感（mH/km）
1 700	1. 897	1. 216 ~ 1. 413
2 000	2. 101	1. 206 ~ 1. 402
2 300	2. 310	1. 200 ~ 1. 394
2 600	2. 516	1. 194 ~ 1. 387

（3）无砟桥梁（隧道）参数（表 1-5）

表 1-5　无砟桥梁（隧道）参数

频率（Hz）	钢轨阻抗（不大于）	
	电阻（Ω/km）	电感（mH/km）
1 700	2. 581	1. 216 ~ 1. 380
2 000	2. 892	1. 206 ~ 1. 369
2 300	3. 211	1. 200 ~ 1. 362
2 600	3. 520	1. 194 ~ 1. 356

五、分路电阻要求

轨道区段道砟电阻小于 3 Ω · km 时,标准分路电阻取 0.15 Ω;道砟电阻不小于 3 Ω · km 时,标准分路电阻取 0.25 Ω。

六、设备工作电压要求

发送、接收设备工作电压应满足 DC 24 V ±1 V。

七、基准载频转换要求

送、受端均为机械绝缘节的区段,基准载频应在 2 000 Hz、1 700 Hz 间或 2 600 Hz、2 300 Hz 间转换。

八、最不利条件时接收器输入电压要求

调整状态最不利条件时,接收器输入电压不小于 240 mV;
分路状态最不利条件时,接收器输入电压不大于 153 mV。

九、最不利条件下钢轨分路电流要求

在最不利条件下,用标准分路电阻在轨道区段任一处轨面分路时,钢轨短路电流不应小于表 1-6 的要求值。

表 1-6　钢轨短路电流

基准载频(Hz)	短路电流(A)
1 700	0.50
2 000	0.50
2 300	0.50
2 600	0.45

第三节　ZPW-2000A 型轨道电路设备配置

ZPW-2000A 型轨道电路设备具体配置见表 1-7 至表 1-10 所示。

表 1-7　ZPW-2000A · J 型轨道电路设备配置

序号	产品名称	型号	应用说明
1	无绝缘移频自动闭塞机柜	ZPW · G-2000A/T	最多可安装 10 个轨道电路设备,包括 10 台发送器、10 台接收器、10 台衰耗器
2	无绝缘轨道电路接口柜	ZPW · GK-2000A/K 或 ZPW · GK-2000A/K3	最多可安装 9 层防雷模拟网络组匣
3	防雷模拟网络组匣	ZPW · XML2/K	可安装 6 台防雷模拟网络盘 +2 台分线采集器
4	发送器	ZPW · F	1 台/区段
5	接收器	ZPW · J	1 台/区段
6	防雷模拟网络盘	ZPW · ML	2 台/区段
7	(采集)衰耗器	ZPW · S ZPW · SC	1 台/区段
8	分线采集器	ZPW · CEP	3 台/6 个区段
9	匹配变压器	ZPW · BPL	2 台/区段
10	调谐单元	ZPW · T-1700 ZPW · T-2000 ZPW · T-2300 ZPW · T-2600	2 台/区段
11	空芯线圈	ZPW · XK	1 台/电气绝缘节
12	空芯线圈	ZPW · XKD	1 台/电气绝缘节
13	机械绝缘节空芯线圈	ZPW · XKJ-1700 ZPW · XKJ-2000 ZPW · XKJ-2300 ZPW · XKJ-2600	机械绝缘节-电气绝缘节区段时,1 台/电气绝缘节

续上表

序号	产品名称	型号	应用说明
14	机械绝缘节空芯线圈	ZPW·XKJD-1700 ZPW·XKJD-2000 ZPW·XKJD-2300 ZPW·XKJD-2600	机械绝缘节-电气绝缘节区段时，1 台/电气绝缘节
15	空芯线圈防雷单元	ZPW·ULG	1 台/空芯线圈
16	采集处理器	ZPW·CC	1 台/站
17	补偿电容器	ZPW·CBGM/(40~55 μF)	按照电容数量表设置
18	区间空扼流变压器	BE_3-1000	区间横向连接处使用,1 台/处
19	调谐区设备钢轨引接线	95 mm^2,规格 2 000 mm、3 700 mm (2 500 mm、4 200 mm)	每套含 2 长 2 短引接线 3 套/电气绝缘节
20	扼流变压器引接线	95 mm^2,规格 2 000 mm、3 700 mm	每套含 2 长 2 短引接线 1 套/扼流变压器
21	轨道电路诊断主机	ZPW·DZ-T	1 台/站

表 1-8 ZPW-2000A·J3 型轨道电路设备配置

序号	产品名称	型号	应用说明
1	无绝缘轨道电路机柜	ZPW·G2-J	最多可安装 10 个轨道电路区段设备,包括 20 台发送器、10 台接收器、10 台衰耗器
2	无绝缘轨道电路接口柜	ZPW·GK-2000A/T	最多可安装 9 层防雷模拟网络组匣
3	轨道电路诊断机柜	ZPW·GZ	可放置 1 套轨道电路监测、诊断设备(包括主机、显示器、键盘及鼠标)、室外监测通信平台主机等设备,1 台/站
4	防雷模拟网络组匣	ZPW·XML2/T	每个组匣可安装 6 台防雷模拟网络盘+2 台分线采集器
5	发送器	ZPW·F2	2 台/区段
6	接收器	ZPW·J2	1 台/区段

续上表

序号	产 品 名 称	型　　号	应　用　说　明
7	防雷模拟网络盘	ZPW · ML-K	2 台/区段
8	采集衰耗冗余控制器	ZPW · RSC	1 台/区段
9	分线采集器	ZPW · CEP	3 台/6 个区段
10	轨道电路诊断主机	ZPW · DZ-K	1 台/站
11	室外监测单元平台主机	TEM-M	2 台/车站,1 台/中继站
12	空芯线圈	ZPW · XKD	1 台/电气绝缘节
13	机械绝缘节空芯线圈	ZPW · XKJD-1700 ZPW · XKJD-2000 ZPW · XKJD-2300 ZPW · XKJD-2600	机械绝缘节-电气绝缘节区段时,1 台/电气绝缘节
14	空芯线圈防雷单元	ZPW · ULG	1 台/空芯线圈
15	信息调谐匹配单元	ZPW · PTX-1700 ZPW · PTX-2000 ZPW · PTX-2300 ZPW · PTX-2600	2 台/区段
16	I 型分布式采集模块	TEM-C1	需有室外监测功能时安装于 PTX 内,2 台/区段
17	补偿电容	ZPW · CBGM/50 μF	按照电容数量表设置
18	调谐区设备钢轨引接线	95 mm^2,规格 2 000 mm、3 700 mm(2 500 mm、4 200 mm)	每套含 2 长 2 短引接线,3 套/电气绝缘节
19	扼流变压器引接线	95 mm^2,规格 2 000 mm、3 700 mm	每套含 2 长 2 短引接线,1 套/扼流变压器

表 1-9　ZPW-2000A · T 型轨道电路设备明细

序号	产 品 名 称	型　　号	应　用　说　明
1	无绝缘轨道电路机柜	ZPW · G-2000A/K 或 ZPW · G-2000A/K3	最多可安装 10 个轨道电路设备,包括 20 台发送器、10 台接收器、10 台衰耗冗余控制器

续上表

序号	产品名称	型号	应用说明
2	无绝缘轨道电路接口柜	ZPW·GK-2000A/K 或 ZPW·GK-2000A/K3	最多可安装9层防雷模拟网络组匣
3	轨道电路诊断机柜	ZPW·GZ	可放置1套轨道电路监测、诊断设备(包括主机、显示器、键盘及鼠标)、通信接口设备、室外监测通信平台主机等设备,1台/站
4	防雷模拟网络组匣	ZPW·XML2/K	可安装6台防雷模拟网络盘+2台分线采集器
5	发送器	ZPW·F-K	2台/区段
6	接收器	ZPW·J-K	1台/区段
7	轨道电路通信接口板	CI-TC2	2台/柜
8	轨道电路通信接口机笼	CI-X2	最多可放置12块轨道电路通信盘
9	衰耗冗余控制器	ZPW·RS-K	1台/区段
10	分线采集器	ZPW·CEP	3台/6个区段
11	交流电量传感器	WB2I461SK5_0.5 或 CE-IJ21T-14BS3-0.5	1台/区段
12	ZPW-2000A 型轨道电路监测单元	LKD·GD·JCY-T	1台/站
13	防雷模拟网络盘	ZPW·ML-K	2台/区段
14	调谐匹配单元	ZPW·PT2-1700	2台/区段
15		ZPW·PT2-2000	
16		ZPW·PT2-2300	
17		ZPW·PT2-2600	
18	信息调谐匹配单元	ZPW·PTX-1700	2台/区段
19		ZPW·PTX-2000	
20		ZPW·PTX-2300	
21		ZPW·PTX-2600	
22	电气绝缘节空芯线圈	ZPW·XKD	1台/电气绝缘节

续上表

序号	产品名称	型号	应用说明
23	机械绝缘节空芯线圈	ZPW・XKJD-1700 ZPW・XKJD-2000 ZPW・XKJD-2300 ZPW・XKJD-2600	机械绝缘节-电气绝缘节区段时，1 台/电气绝缘节
24	全密封补偿电容	ZPW・CBGM/25 μF	按照电容数量表设置
25	空芯线圈防雷单元	ZPW・ULG	1 台/空芯线圈
26	调谐匹配防雷单元	ZPW・ULG2	1 台/调谐匹配单元
27	调谐区设备钢轨引接线	95 mm^2，规格 2 000 mm、3 700 mm（2 500 mm、4 200 mm）	每套含 2 长 2 短引接线，3 套/电气绝缘节
28	空扼流变压器	BE(K)-1000/ZPW	区间横向连接处使用，1 台/处
29	高阻抗扼流变压器	BE(K)-1000/ZPW-G	多线并行区间设置横向连接处使用，1 台/处
30	匹配变压器	ZPW・BPLN	站内无岔、道岔区段使用，2 台/区段
31	扼流适配变压器	BES(K)-1000/ZPW（1 700 Hz、2 000 Hz） BES(K)-1000/ZPW（2 300 Hz、2 600 Hz）	站内区段使用，也作为站内空扼流变压器使用，2 台/区段
32	扼流变压器引接线	95 mm^2，规格 2 000 mm、3 700 mm	每套含 2 长 2 短引接线，1 套/电气绝缘节
33	室外监测单元平台主机	TEM-M	2 台/车站，1 台/中继站
34	轨道电路诊断主机	ZPW・DZ-K	1 台/站
35	补偿调谐单元	ZPW・TB-1700 ZPW・TB-2000 ZPW・TB-2300 ZPW・TB-2600	股道两端各配置 1 个，根据线路类型选择有砟或无砟

表 1-10 ZPW-2000A · T2 型轨道电路设备配置

序号	产品名称	型号	应用说明
1	无绝缘轨道电路机柜	ZPW · G-2000A/K 或 ZPW · G-2000A/K3	最多可安装 10 个轨道电路设备，包括 20 台发送器、10 台接收器、10 台衰耗冗余控制器
2	无绝缘轨道电路接口柜	ZPW · GK-2000A/K 或 ZPW · GK-2000A/K3	最多可安装 9 层防雷模拟网络组匣
3	轨道电路诊断机柜	ZPW · GZ	可放置 1 套轨道电路监测、诊断设备（包括主机、显示器、键盘及鼠标）、通信接口设备、室外监测通信平台主机等设备，1 台/站
4	防雷模拟网络组匣	ZPW · XML2/K	可安装 6 台防雷模拟网络盘 +2 台分线采集器
5	发送器	ZPW · F2-K	2 台/区段
6	接收器	ZPW · J2-K	1 台/区段
7	轨道电路通信接口板	CI-TC2-2	2 台/柜
8	轨道电路通信接口机笼	CI-X2	最多可放置 12 块轨道电路通信盘
9	衰耗冗余控制器	ZPW · RS2-K	1 台/区段
10	分线采集器	ZPW · CEP	3 台/6 个区段
11	交流电量传感器	WB2I461SK5_0.5 或 CE-IJ21T-14BS3-0.5	1 台/区段
12	ZPW-2000A 型轨道电路监测单元	LKD · GD · JCY-T	1 台/站
13	防雷模拟网络盘	ZPW · ML-K	2 台/区段
14	信息调谐匹配单元	ZPW · PTX-1700	2 台/区段
15		ZPW · PTX-2000	
16		ZPW · PTX-2300	
17		ZPW · PTX-2600	
18	轨道电路空芯线圈	ZPW · XKD	1 台/电气绝缘节

续上表

序号	产品名称	型　　号	应用说明
19	机械节空芯线圈	ZPW·XKJD-1700	机械绝缘节-电气绝缘节区段时，1台/电气绝缘节
		ZPW·XKJD-2000	
		ZPW·XKJD-2300	
		ZPW·XKJD-2600	
20	全密封补偿电容	ZPW·CBGM/25 μF	按照电容数量表设置
21	空芯线圈防雷单元	ZPW·ULG	1台/空芯线圈
22	调谐匹配防雷单元	ZPW·ULG2	1台/调谐匹配单元
23	调谐区设备钢轨引接线	95 mm^2,规格 2 000 mm、3 700 mm (2 500 mm、4 200 mm)	每套含2长2短引接线,3套/电气绝缘节
24	空扼流变压器	BE(K)-1000/ZPW	区间横向连接处使用,1台/处
25	高阻抗扼流变压器	BE(K)-1000/ZPW-G	多线并行区间设置横向连接处使用,1台/处
26	匹配变压器	ZPW·BPLN	站内无岔、道岔区段使用,2台/区段
27	扼流适配变压器	BES(K)-1000/ZPW (1 700 Hz、2 000 Hz)	站内区段使用,也作为站内空扼流变压器使用,2台/区段
		BES(K)-1000/ZPW (2 300 Hz、2 600 Hz)	
28	扼流变压器引接线	95 mm^2,规格 2 000 mm、3 700 mm	每套含2长2短引接线,1套/扼流变压器
29	室外监测单元平台主机	TEM-M	2台/车站,1台/中继站
30	轨道电路诊断主机	ZPW·DZ-K	1台/站
31	补偿调谐单元	ZPW·TB-1700	股道两端各配置1个,根据线路类型选择有砟或无砟
		ZPW·TB-2000	
		ZPW·TB-2300	
		ZPW·TB-2600	

第二章　ZPW-2000A 型轨道电路工程设计

第一节　频率布置

区间、车站轨道电路载频类型应统筹布置。

1. 区间正线下行区段宜按照 1700-1、2300-1、1700-2、2300-2、1700-1……交替顺序布置方式，如图 2-1 所示。

图 2-1　区间正线下行频率布置

2. 区间正线上行区段宜按照 2000-1、2600-1、2000-2、2600-2、2000-1……交替顺序布置方式，如图 2-2 所示。

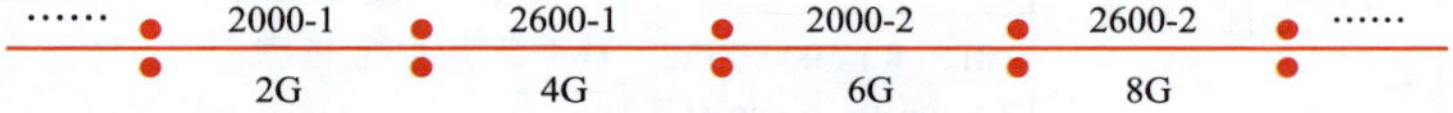

图 2-2　区间正线上行频率布置

3. 机械绝缘节两侧区段应采用不同载频类型，如图 2-3 所示。

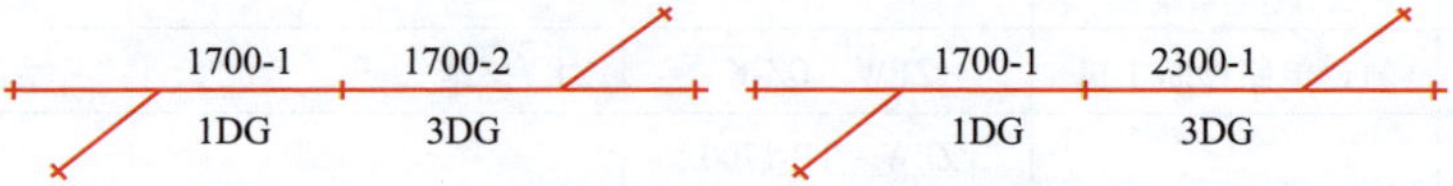

图 2-3　机械绝缘节频率布置

4. 电气绝缘节两侧区段应采用同方向的不同基准载频，如 1 700 Hz 和 2 300 Hz。

5. 闭塞分区分界点处绝缘节两侧应采用不同基准载频，车站下行线及下行侧到发线宜采用 1 700 Hz、2 300 Hz 基准载频，上行线及上行侧到发线宜采用 2 000 Hz、2 600 Hz 基准载频，如图 2-4 所示。

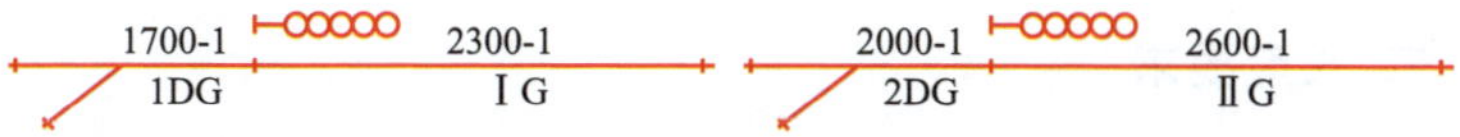

图 2-4　闭塞分区分界点处绝缘节两侧频率布置

6. 电码化区段与 ZPW-2000A 型轨道电路区段相邻时，应设置为不同载频。

7. 区间 ZPW-2000A 型轨道电路与其他制式轨道电路相邻时，应采用机械绝缘节进行分割处理，绝缘节两端不得采用相同载频频率。

8. 区段运行方向变化导致载频切换时，载频应在 1 700 Hz、2 000 Hz 间或 2 300 Hz、2 600 Hz 间切换变化。

第二节　调谐区设计

一、基本原则

(1)调谐区不得设于不同线路类型的衔接处(如有砟和无砟线路、路基和桥梁线路、钢桥和混凝土桥线路都属于不同类型道床)；

(2)调谐区应避开隧道口设置；

(3)调谐区不得设置于伸缩轨范围内，调谐区距最近的伸缩轨缝距离不得小于 10 m；

(4)调谐区内的护轮轨应按规范加装钢轨绝缘节；

(5)线间距不大于 5 m 的复线线路，调谐区需错位安装设置；

(6)调谐区设备引接线应安装在相同坐标处,误差应不大于0.1 m;

(7)调谐区不宜设置在分相区内。

二、长度要求

1. 有砟线路

(1)路基及隧道:29 m。

(2)混凝土桥梁:30 m。

2. 无砟线路

(1)路基及隧道:29 m。

(2)混凝土桥梁:32 m。

注:钢结构桥梁根据实际测量确定。

采用 ZPW-2000 · J 型轨道电路系统时,有砟线路调谐区长度统一设置为 29 m,其他要求不变。

第三节　轨道区段极限长度设计

ZPW-2000A 型轨道电路的工程设计长度应符合轨道电路应变时间、车载设备可靠接收及同方向载频线路间邻线干扰防护的要求。用于站内时,应符合车站联锁系统可靠工作的要求。

区间区段按线路运行列车类型不同,轨道电路调整方式存在差异:

(1)仅运行动车组时,为优化动车组分路效果,区段采用 V3.0 调整表进行调整;

(2)客货混运时,可采用非 V3.0 调整表进行调整。

对不同的调整方式,轨道电路可靠工作长度不同。

各线路类型区段长度在取值时,应留有一定余量,建议按可靠工作长度的 85%~90% 选择工程设计长度,以保障轨道电路工作在健康状态。

一、轨道电路区段长度说明

(1)区间两端为电气绝缘节的区段长度为送、受端电气绝缘节空芯线圈间的距离。

(2)区间一端为电气绝缘节、一端为机械绝缘节的区段长度为机械绝缘节空芯线圈到电气绝缘节空芯线圈之间的距离。

(3)站内两端为机械绝缘节的区段长度为两端机械绝缘节间的距离。

二、轨道区段最小长度设计原则

(1)轨道区段需要为车载设备提供控制信息时,其最小长度 L_{min} 应符合下列公式要求:

$$L_{min} = V_{max} \times 2.5\ \text{s} + 20 \quad (\text{m})$$

其中,V_{max} 为该区段的最高允许速度。

(2)轨道区段不需要为车载设备提供控制信息时,其最小长度 L_{min} 应符合下列公式要求:

$$L_{min} = V_{max} \times 2\ \text{s} - \text{车长} \quad (\text{m})$$

其中,V_{max} 为该区段的最高允许速度,车长为列车前后轴距长度。

三、区间无砟轨道区段可靠工作长度

1. 仅运行动车组情况

线路仅运行动车组时,轨道电路采用 V3.0 调整表进行调整,可靠工作长度见表2-1。

表2-1 仅动车组运行时区间无砟轨道电路工程设计长度

信号电缆长度(km)	标准分路电阻(Ω)	道床电阻(Ω·km)	轨道电路可靠工作长度(m)
不大于7.5	0.25	3.0	1 000
	0.15	2.0	1 000
		1.0	800
大于7.5且不大于10	0.25	3.0	1 000
	0.15	2.0	900
		1.0	700
对于隧道线路,应注意环境对道床的污染影响,特别是长大隧道。当区段内隧道部分长度大于300 m时,根据实际使用中的道砟电阻条件,确定轨道电路可靠工作长度。			

2. 客货混运情况(表2-2)

表2-2 客货混运时区间无砟轨道电路工程设计长度

信号电缆长度(km)	标准分路电阻(Ω)	道砟电阻(Ω·km)	轨道电路可靠工作长度(m)
不大于7.5	0.25	3.0	1 200
	0.15	2.0	1 100
		1.0	800
大于7.5且不大于10	0.25	3.0	1 000
	0.15	2.0	900
		1.0	700
对于隧道线路,应注意环境对道床的污染影响,特别是长大隧道。当区段内隧道部分长度大于300 m时,根据实际使用中的道砟电阻条件,确定轨道电路可靠工作长度。			

四、区间有砟轨道区段可靠工作长度

1. 仅运行动车组情况(表2-3)

表 2-3　仅运行动车组时区间有砟轨道电路工程设计长度

信号电缆长度(km)	轨道结构类型	标准分路电阻(Ω)	道砟电阻(Ω·km)	轨道电路可靠工作长度(m)
不大于 10	路基	0. 15	1. 0	700
			2. 0	1 400
		0. 25	3. 0	1 400
	桥梁	0. 15	1. 0	700
			2. 0	1 200
		0. 25	3. 0	1 200
大于 10 且不大于 12. 5	路基	0. 15	1. 0	600
			2. 0	1 000
		0. 25	3. 0	1 100
	桥梁	0. 15	1. 0	500
			2. 0	800
		0. 25	3. 0	900

注 1:对于隧道线路,应注意环境对道床的污染影响,特别是长大隧道。当区段内隧道部分长度大于 300 m 时,根据实际使用中的道砟电阻条件,确定轨道电路可靠工作长度。

注 2:对于桥梁线路,应注意实际使用中的道砟电阻条件,如果道砟电阻低于要求,应根据实际道砟电阻确定轨道电路可靠工作长度。

铁路钢桥线路轨道电路可靠工作长度应根据钢轨参数测试结果确定。

2. 客货混运情况(表 2-4)

表 2-4　客货混运时区间有砟轨道电路工程设计长度

信号电缆长度(km)	轨道结构类型	标准分路电阻(Ω)	道砟电阻(Ω·km)	轨道电路可靠工作长度(m)
不大于 10	路基	0. 15	1. 0	1 400
			2. 0	1 400
		0. 25	3. 0	1 400
	桥梁	0. 15	1. 0	700
			2. 0	1 200
		0. 25	3. 0	1 200

续上表

信号电缆长度(km)	轨道结构类型	标准分路电阻(Ω)	道砟电阻(Ω·km)	轨道电路可靠工作长度(m)
大于 10 且不大于 12.5	路基	0.15	1.0	900
			2.0	1 100
		0.25	3.0	1 100
	桥梁	0.15	1.0	600
			2.0	1 000
		0.25	3.0	1 000

注 1:对于隧道线路,应注意环境对道床的污染影响,特别是长大隧道。当区段内隧道部分长度大于 300 m 时,根据实际使用中的道砟电阻条件,确定轨道电路可靠工作长度。

注 2:对于桥梁线路,应注意实际使用中的道砟电阻条件,如果道砟电阻低于要求,应根据实际道砟电阻确定轨道电路可靠工作长度。

注 3:信号电缆不大于 10 km 路基,在道砟电阻为 1 Ω·km 时,使用 0.15 Ω 分路电阻分路的可靠工作的推荐长度不大于 1 200 m。

铁路钢桥线路轨道电路可靠工作长度应根据钢轨参数测试结果确定。

五、站内轨道区段可靠工作长度

站内轨道区段工程设计最大长度见表 2-5。

表 2-5 站内轨道区段工程设计最大长度

区段类型	线间距(m)	工程设计最大长度(m)
股道、无岔区段	不小于 5	650
道岔区段[a]	不小于 5	400[b]

a 本表道岔区段采用一送一受轨道电路,无受电分支通过跳线与轨道电路并联。

b 本表道岔区段,道岔数量不宜超过 2 个。单岔区段的无受电分支不应大于 160 m。双岔区段的无受电分支长度分别不应大于 80 m 和 160 m(无受电分支长度为从岔心至岔尾绝缘节)。特殊情况,应根据条件计算确定。

注:当区间线路采用站内轨道电路系统结构时,也应满足上述长度限制要求。

六、混合道床类型区段最大长度设计原则

当区间同一区段由两种及以上道床类型构成时,区段长度按不

超过各轨道结构类型的最短长度进行取值。

七、区间分相区区段长度设计原则

为保障分相区范围轨道区段的分路效果，建议轨道区段长度均按不大于 600 m 考虑。分相区范围轨道区段示意如图 2-5、图 2-6 所示。

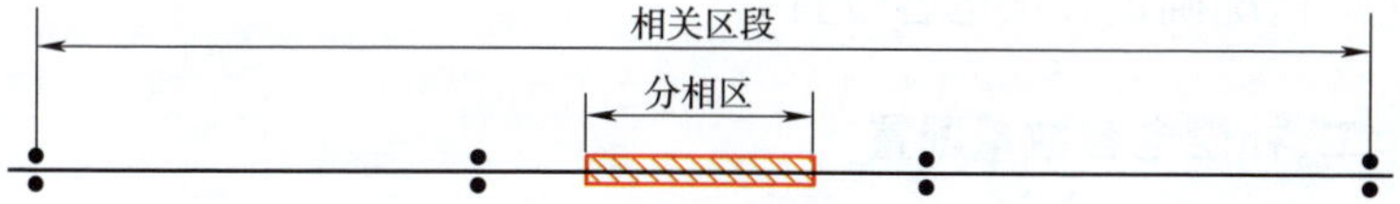

图 2-5　分相区范围单轨道区段示意图

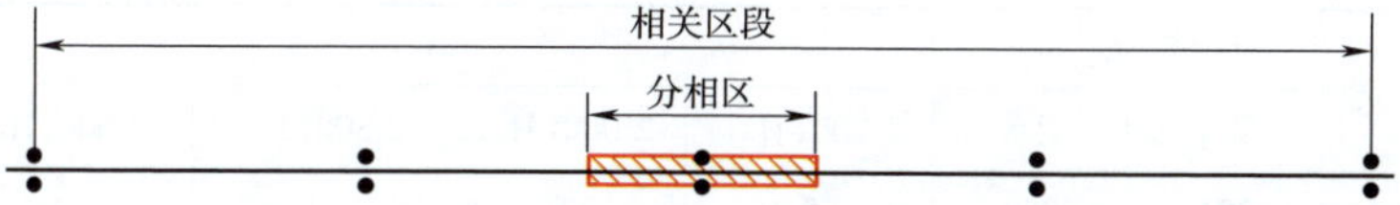

图 2-6　分相区范围双轨道区段示意图

第四节　补偿电容设置

一、设计原则

（1）轨道电路区段长度大于或等于 300 m 时，应设置补偿电容。

（2）ZPW-2000A · J 型轨道电路使用全密封补偿电容，电容值要求见表 2-6。

表 2-6　ZPW-2000A · J 型轨道电路补偿电容配置

序　号	轨道电路类型	载频（Hz）			
		1 700	2 000	2 300	2 600
1	ZPW-2000A · J	55 μF	50 μF	46 μF	40 μF
2	ZPW-2000A · J3	50 μF			

(3)ZPW-2000A·T 型轨道电路补偿电容统一使用容值为 25 μF 的全密封补偿电容。

(4)站内道岔区段应根据实际区段情况确定补偿电容方式。

(5)补偿电容安装位置的允许公差为:半间距 ±0. 25 m;全间距 ±0. 5 m;道岔岔心处 ±10. 0 m(道岔岔心处安装误差超过 10 m 需按照实际情况确定补偿电容位置)。

二、补偿电容数量配置

(1)ZPW-2000A·T 型轨道电路区间区段电容数量配置见表 2-7。

表 2-7 ZPW-2000A·T 型轨道电路区间区段电容数量配置

序 号	区段长度(m)		N_c			
	最小	最大	1 700(Hz)	2 000(Hz)	2 300(Hz)	2 600(Hz)
1	301	350	5	5	4	4
2	351	400	6	6	5	5
3	401	450	7	7	5	5
4	451	500	8	8	6	6
5	501	550	9	9	7	7
6	551	600	10	10	7	7
7	601	650	10	10	8	8
8	651	700	11	11	8	8
9	701	750	12	12	9	9
10	751	800	13	13	10	10
11	801	850	14	14	10	10
12	851	900	15	15	11	11
13	901	950	15	15	12	12
14	951	1 000	16	16	12	12
15	1 001	1 050	17	17	13	13
16	1 051	1 100	18	18	13	13

续上表

序　号	区段长度(m)		N_c			
	最小	最大	1 700(Hz)	2 000(Hz)	2 300(Hz)	2 600(Hz)
17	1 101	1 150	19	19	14	14
18	1 151	1 200	20	20	15	15
19	1 201	1 250	20	20	15	15
20	1 251	1 300	21	21	16	16
21	1 301	1 350	22	22	17	17
22	1 351	1 400	23	23	17	17

(2)ZPW-2000A · J 型轨道电路区间电容数量配置见表 2-8。

表 2-8　ZPW-2000A · J 型轨道电路区间区段电容数量配置

序　号	轨道电路长度(m)		N_c			
	最小	最大	1 700(Hz)	2 000(Hz)	2 300(Hz)	2 600(Hz)
1	151	200	3	3	2	2
2	201	250	4	4	3	3
3	251	300	5	5	3	3
4	301	350	4	4	3	3
5	351	400	4	4	4	4
6	401	450	5	5	5	6
7	451	500	6	6	6	6
8	501	550	6	6	6	6
9	551	600	6	7	6	7
10	601	650	7	7	7	7
11	651	700	8	8	8	8
12	701	750	8	8	8	8
13	751	800	9	9	9	9
14	801	850	9	9	9	9

续上表

序　号	轨道电路长度(m)		N_c			
	最小	最大	1 700(Hz)	2 000(Hz)	2 300(Hz)	2 600(Hz)
15	851	900	9	9	9	9
16	901	950	10	10	10	10
17	951	1 000	10	10	10	10
18	1 001	1 050	11	11	11	11
19	1 051	1 100	11	11	11	11
20	1 101	1 150	12	12	12	12
21	1 151	1 200	12	12	12	14
22	1 201	1 250	13	13	13	15
23	1 251	1 300	14	14	16	16
24	1 301	1 350	16	16	18	20
25	1 351	1 400	18	18	18	20

(3)ZPW-2000A · T 型轨道电路站内区段电容数量配置见表 2-9。

表 2-9　ZPW-2000A · T 型轨道电路站内区段电容数量配置

序　号	区段长度(m)		N_c
	最小	最大	
1	301	350	3
2	351	400	4
3	401	500	5
4	501	600	6
5	601	650	7

三、补偿电容间距

补偿电容按照等间距布置,间距计算公式如下:

$$\Delta = \frac{\text{补偿区域长度}}{\text{补偿电容数量}}(\text{m})$$

区间轨道电路补偿区域长度为送端调谐匹配单元到受端调谐匹配单元长度，如图 2-7 所示。

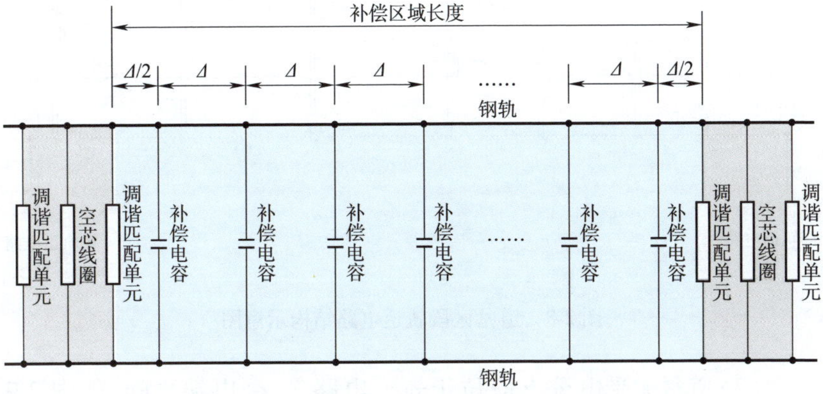

图 2-7　区间轨道电路补偿区域长度示意图

站内为一体化轨道电路时，补偿区域长度为送端机械绝缘节到受端机械绝缘节长度。

第五节　道岔区段设置

ZPW-2000A · T 型轨道电路用于车站道岔区段时，通过将道岔无受电分支并联至送受端间的钢轨的方式，构成“一送一受”轨道电路结构。

每个道岔区段内的道岔数量宜不大于 2 组。

一、无受电分支设计要求

(1) 道岔区段轨道电路结构如图 2-8 所示。

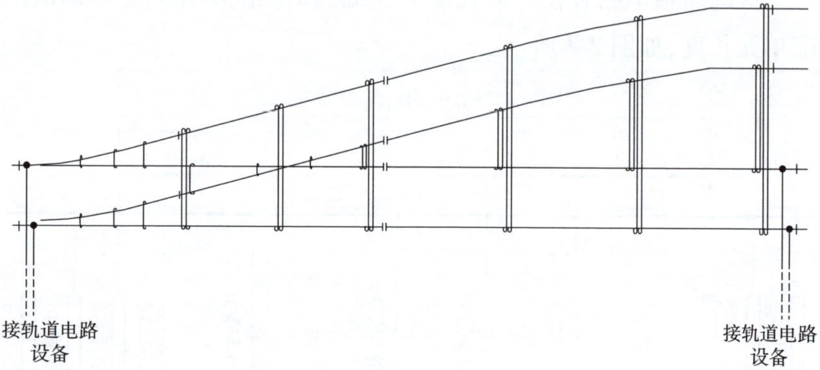

图 2-8　道岔区段轨道电路结构示意图

(2)道岔无受电分支应位于轨道电路送、受电端之间,如图 2-9 所示。

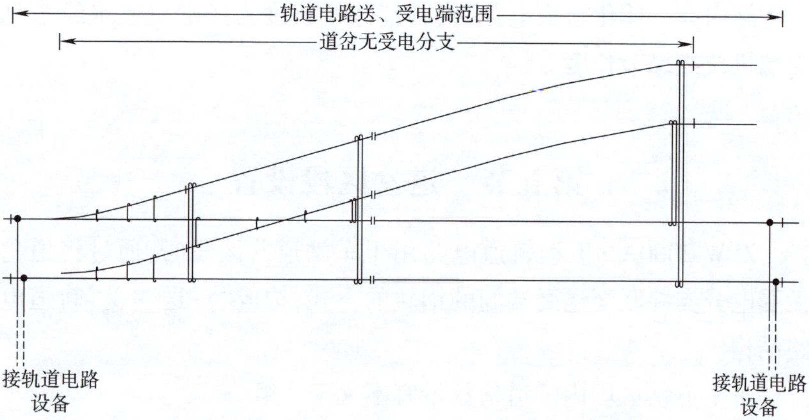

图 2-9　道岔区段无受电分支位置设置示意图

(3)两组道岔时的设计要求。

区段内包含两组道岔时,两个无受电分支区域不应重合,设置示意如图 2-10 所示。

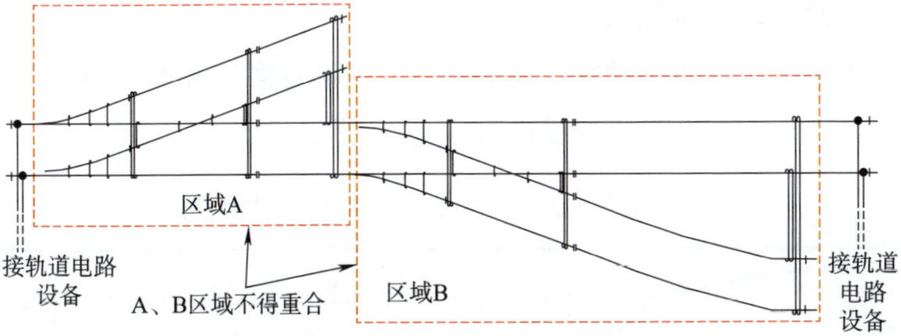

图 2-10　双岔区段道岔位置设置示意图

二、站内道岔跳线的设置原则

列车速度不小于 5 km/h 时,机械绝缘节处的钢轨引接线、道岔跳线均不再采用迂回方式设置。

ZPW-2000A · T 型轨道电路在道岔区段运用时,应设置道岔分支并联线。为减少岔心范围内线路不平衡系数,应设置加强跳线。

1. 分支并联线

采用双线多处并联方式,从道岔弯股末端(道岔弯股的轨道绝缘节)起,向岔心方向(道岔绝缘节)依次间隔设置。ZPW-2000 · T 型轨道电路间隔不应大于 20 m,如图 2-11 所示。

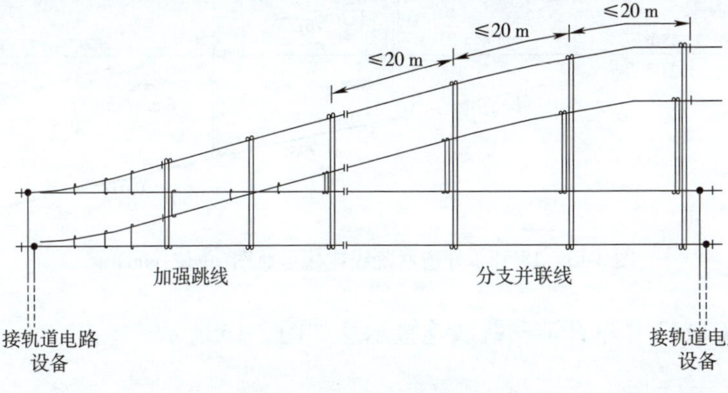

图 2-11　ZPW-2000 · T 型轨道电路道岔区段分支并联跳线设置示意图

2. 岔心内加强跳线

道岔岔心内部应设置加强跳线，采用单线多处并联方式。

(1)12 号单开道岔跳线连接示意如图 2-12 所示。

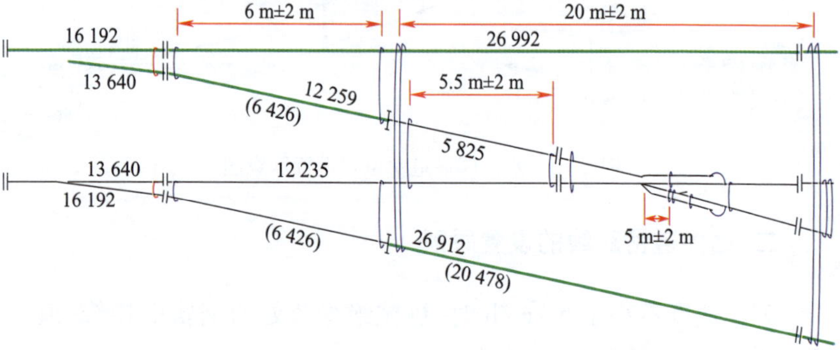

图 2-12　12 号单开道岔跳线连接示意图(单位:mm)

(2)18 号单开道岔跳线连接示意如图 2-13 所示。

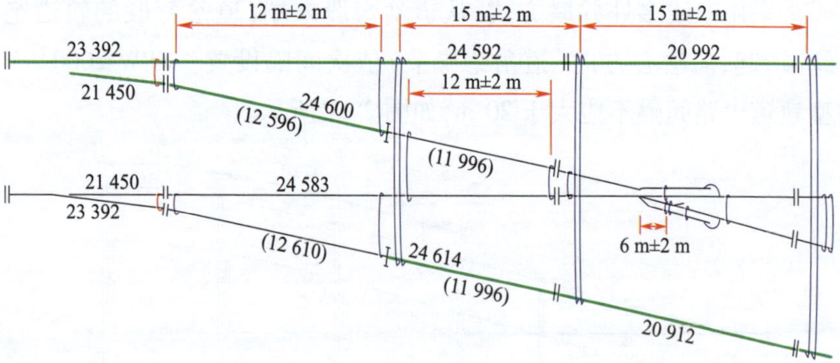

图 2-13　18 号单开道岔跳线连接示意图(单位:mm)

(3)42 号单开道岔跳线连接示意如图 2-14 所示。

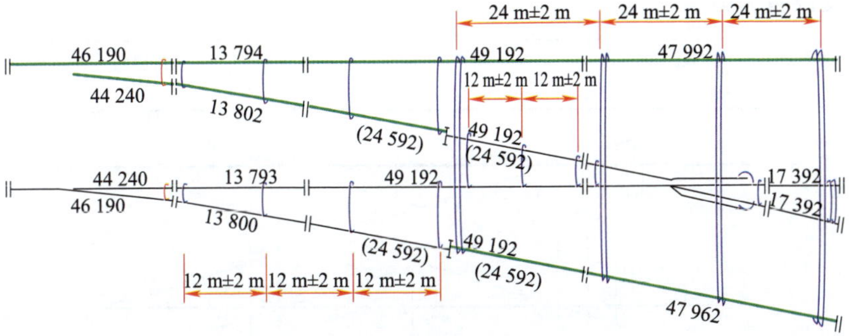

图 2-14　42 号单开道岔跳线连接示意图(单位:mm)

(4)62 号单开道岔跳线连接示意如图 2-15 所示。

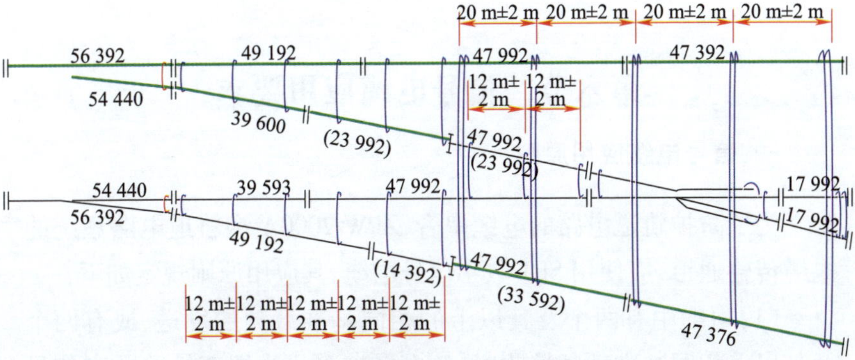

图 2-15　62 号单开道岔跳线连接示意图(单位:mm)

三、交叉渡线跳线设置方案

ZPW-2000A · T 型轨道电路用于 9 号、12 号道岔交叉渡线区段时,设置方式如图 2-16 所示。

其中,区域 1 和区域 2 中跳线设置方式请参照单开道岔跳线安装示意图,区域 3 中的跳线设置方式为 9 号、12 号道岔交叉渡线跳线设置方式。

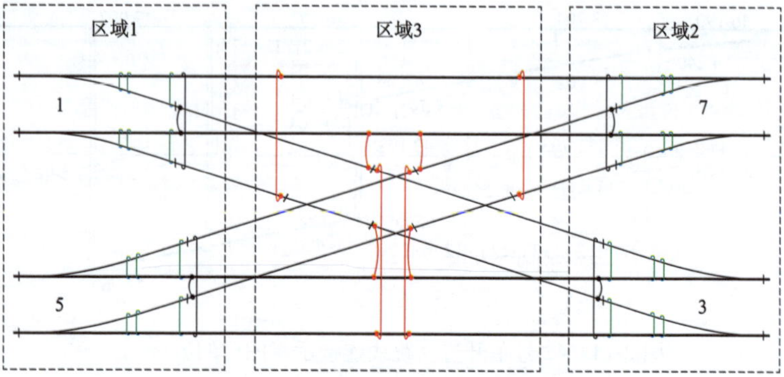

图 2-16 9 号、12 号交叉渡线跳线安装示意图

第六节 信号电缆应用要求

一、信号电缆应用原则

为了防护轨道电路的电缆串音，ZPW-2000A 型轨道电路系统的电缆传输通道，应使用 SPT 数字信号电缆，其应用原则规定如下：

(1)电缆中有两个及其以上的相同基准载频的发送、或有两个及其以上相同基准载频接收时，该电缆应采用内屏蔽铁路数字信号电缆。

(2)电缆中各发送、各接收频率均不相同时，可采用非内屏蔽铁路数字信号电缆，线对应按四线组对角线成对使用。

(3)相同载频的发送线对和接收线对不应使用同一根电缆。

(4)相同载频的发送线对或接收线对不应使用同一四线组内。

注：在车站内，应该特别注意站内轨道电路发送和接收端倒换方向这一使用特点，避免出现违反电缆使用原则的现象，可采用非内屏蔽电缆单独敷设。

二、信号电缆极限长度

(1)无砟线路，信号电缆长度应不大于 7.5 km。

(2)有砟线路，信号电缆长度应不大于 10 km。

三、电缆备用芯线贯通设置要求

(1)应符合电缆应用原则；

(2)发送电缆和接收电缆分别设置专用的内屏蔽四芯组作为备用，如图 2-17 所示。

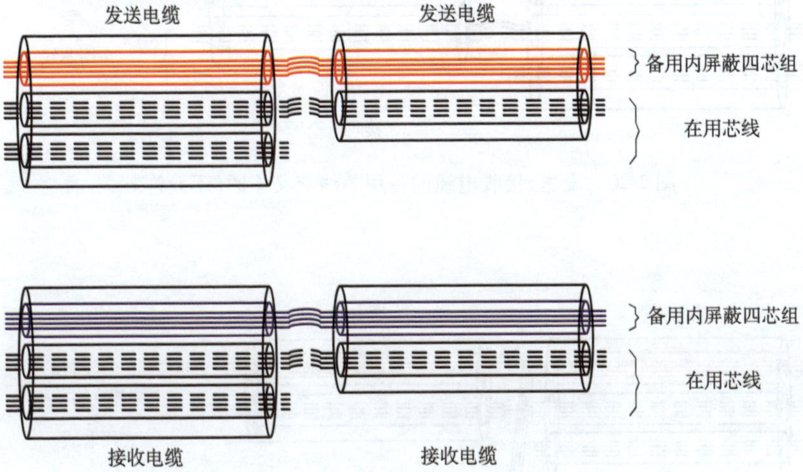

图 2-17　发送和接收电缆分别设置备用内屏蔽四芯组

(3)发送电缆和接收电缆的备用芯线不得交叉连通，如图 2-18 所示。

(4)非移频信号设备的在用芯线和备用芯线均不得在发送与接收电缆间交叉连通，如图 2-19 所示。

(5)不能满足上述要求且需要贯通的应另行敷设备用电缆，如

图 2-22、图 2-23 所示。

(6)备用芯线不应连接其他设备或接地。

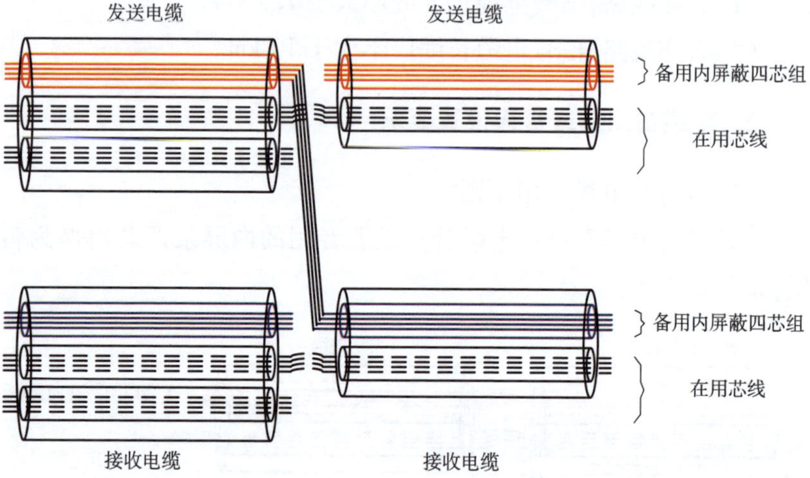

图 2-20 发送、接收电缆的备用芯线交叉连通(不允许)

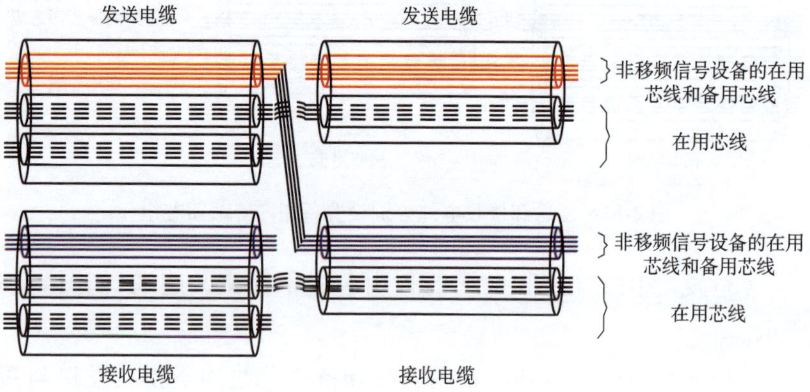

图 2-21 非移频信号设备电缆的在用或备用芯线交叉连通(不允许)

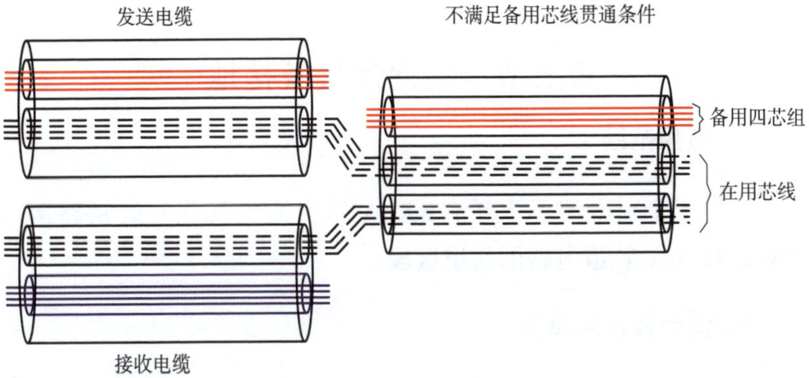

图 2-22　不满足备用芯线贯通条件——发送和接收处于同一电缆内

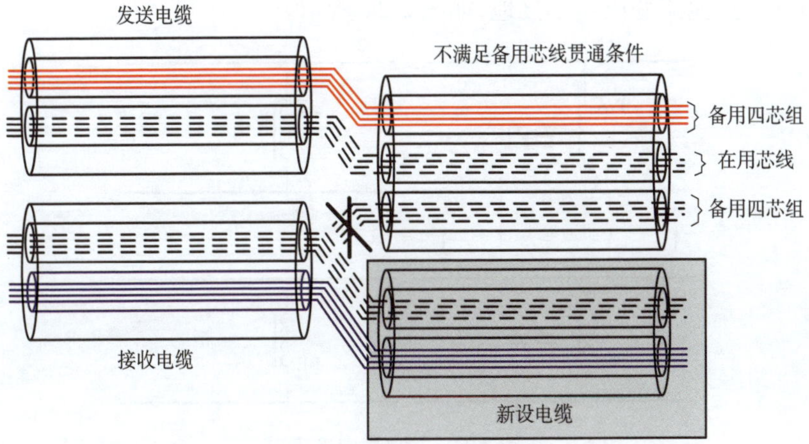

图 2-23　新设电缆满足备用芯线使用要求

四、通信电缆设置要求

使用 SPT 电缆作为通信电缆时，应符合信号电缆应用原则，可单独使用四芯组。

第七节 横向连接及接地

一、适用范围

适用于牵引电流不大于 2 000 A 的交流电气化复线铁路运用 ZPW-2000A 型轨道电路的轨道区段。

二、横向连接的类型

1. 简单横向连接

两轨道间的等电位连接，不直接接地。空芯线圈需通过防雷单元接地，扼流变压器不接地，如图 2-24 所示。

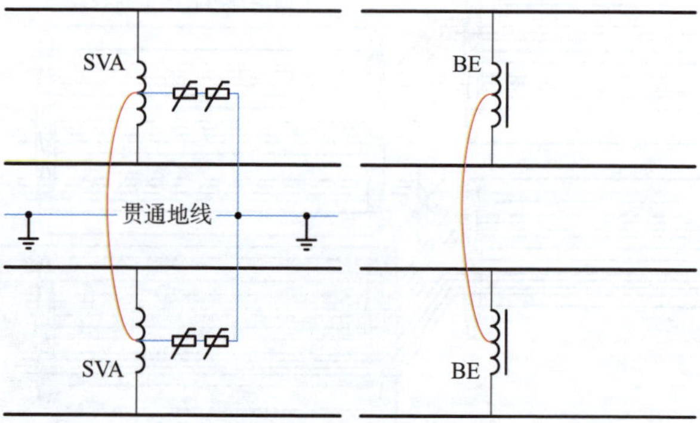

图 2-24 简单横向连接

2. 完全横向连接

两轨道间的等电位连接，并接地，如图 2-25 所示。

3. 用于牵引电流返回的完全横向连接

用于牵引电流返回的完全横向连接，同时提供牵引电流回流线的连接，如图 2-26 所示。

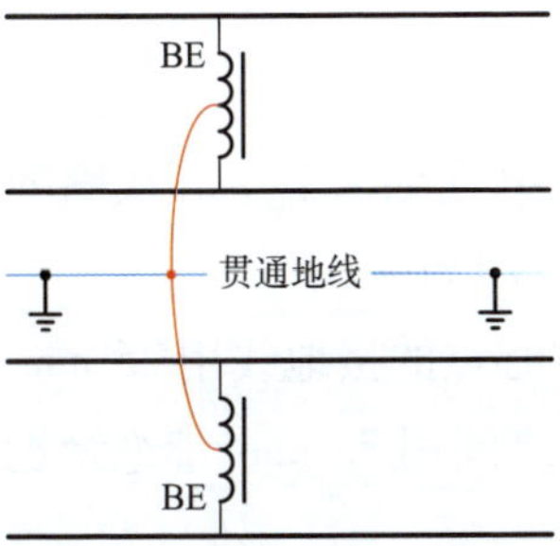

图 2-25　完全横向连接

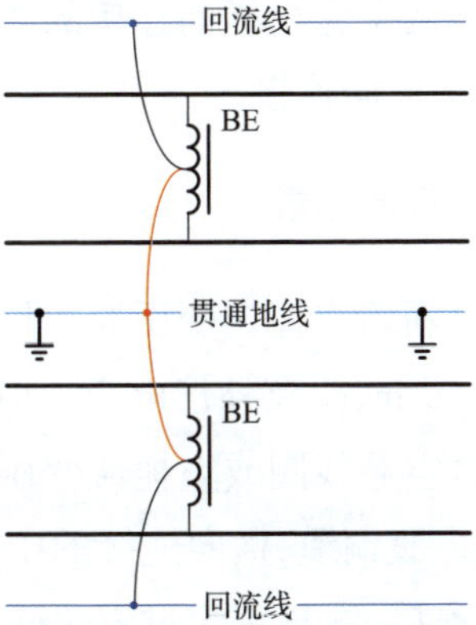

图 2-26　用于牵引电流返回的完全横向连接

三、横向连接及接地设置要求

(1)轨道接地应通过完全横向连接实现。

(2)横向连接的连接位置为下列位置:

①在机械绝缘节处,连接扼流变压器中心点;

②在区间线路宜增设空扼流变压器,连接空扼流变压器中心点。

(3)用于牵引电流返回的完全横向连接应增设空扼流变压器,连接空扼流变压器中心点。

(4)横向连接线禁止连接在两段相同载频的轨道电路上。

(5)空芯线圈中点仅用于简单横向连接。

四、横向连接的间距要求

(1)道砟电阻不小于 2 Ω · km 时,两个完全横向连接间的距离不应小于 1 200 m;道砟电阻小于 2 Ω · km 时,两个完全横向连接间的距离不应小于 1 500 m。

(2)简单横向连接和完全横向连接间距离不应小于 1 000 m。

(3)两个完全横向连接的距离不小于 2 000 m 时,两者之间宜增加一简单横向连接。

五、其他要求

(1)新增空扼流变压器距机械或电气绝缘节空芯线圈的距离不应小于 50 m,距离补偿电容不应小于 10 m。

(2)空芯线圈或空扼流变压器中心点的接地线用 25 mm^2 带绝缘护套的多股铜缆;横向连接的中心点之间用 70 mm^2 带绝缘护套的多股铜缆连接,线长不超过 105 m。

(3)未做完全横向连接或接地连接的空芯线圈或机械绝缘节空芯线圈中点均应通过防雷元件接地。

(4)站内为一体化轨道电路时,横向连接间距及类型可按上述要求设置。

(5)每个区段空扼流数量不大于 1 个。

第八节　站内回流设置

根据《中国铁路总公司运输局关于开展高铁信号工程重点整治工作的通知》(运电高信电〔2013〕1534 号)要求:

(1)牵引回流切断点应设置在钢轨中牵引回流较小的位置,牵引回流的断点应设置在正向接车进路。

(2)绝缘节处扼流变压器中点使用连接板进行连接。

(3)车站咽喉区梯形道岔处的绝缘节不应设置牵引回流切断点,应在梯形道岔上的绝缘节两端设置扼流变压器,导通牵引电流回路,如图 2-27 所示。

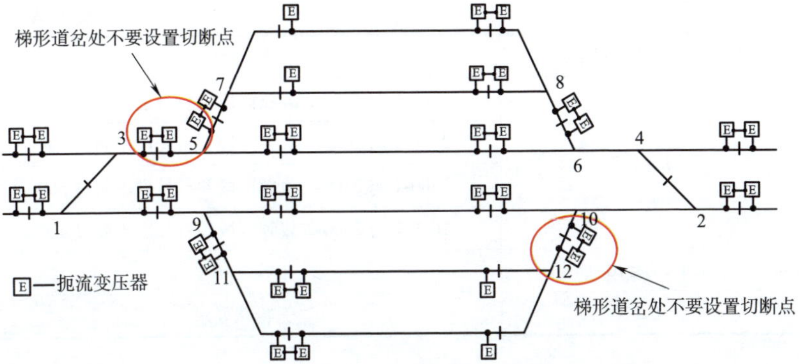

图 2-27　站内回流切断点设置示意图

第九节　区间多线并行区段设计

一、适用范围

适用于并行数量不超过 4 条，并行的同方向载频线路的线间距小于 20 m 的区间 ZPW-2000A · T 型轨道电路区段。ZPW-2000A · J 型轨道电路区段可参考执行。

同方向载频区段线间距大于 20 m 时，可按复线要求设置。

二、载频设置要求

相同载频区段不能并行。例如：1700-1 与 1700-1 为相同载频；1700-1 与 1700-2 属相同基准载频，为不同载频。

三、区段并行长度要求（表 2-10）

表 2-10　同方向载频区段线间距与并行长度对照表

同方向载频区段线间距（m）	并行长度（m）
$5 \leqslant L \leqslant 7.7$	1 700 Hz、2 300 Hz 载频区段并行长度不超过 560
	2 000 Hz、2 600 Hz 载频区段并行长度不超过 400

续上表

同方向载频区段线间距(m)	并行长度(m)
5≤L≤7.7	1700-1 与 1700-2 载频区段并行长度不超过 700
	2000-1 与 2000-2 载频区段并行长度不超过 640
	2300-1 与 2300-2 载频区段并行长度不超过 560
	2600-1 与 2600-2 载频区段并行长度不超过 400
7.7 < L≤10	<750
10 < L≤20	无特殊要求

线路并行长度如图 2-28 所示。

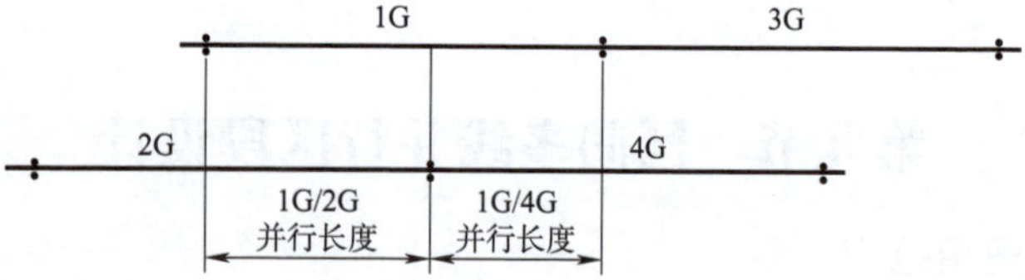

图 2-28　并行长度示意图

四、调谐区位置设置要求

同方向载频线路的调谐区应错位设置,不应有重叠区域。

五、横向连接设置要求

(1)同一处横向连接设备应设置在 100 m 范围内,宜设置在同一坐标处,每条连接电缆长度应小于 100 m。

(2)完全横向连接必须连接并行的各条线路,完全横向连接间距设置与复线设置间距要求相同。

(3)完全横向连接所连接的区段不能有相同载频。

(4)吸上线应设置在完全横向连接处。

(5)完全横向连接应使用高阻抗扼流变压器,型号为 BE(K)-1000/ZPW-G。

(6)完全横向连接示意如图 2-29 所示。

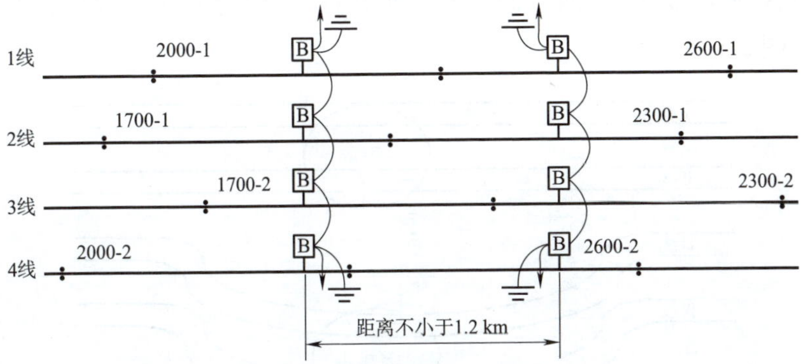

注:B表示高阻抗扼流变压器。

图 2-29　多线并行完全横向连接示意图

(7)简单横向连接设置相关说明:

简单横向连接可设置在相邻的不同方向载频线路间,与相邻完全横向连接间的距离不小于 1 km,连接示意如图 2-30 所示。

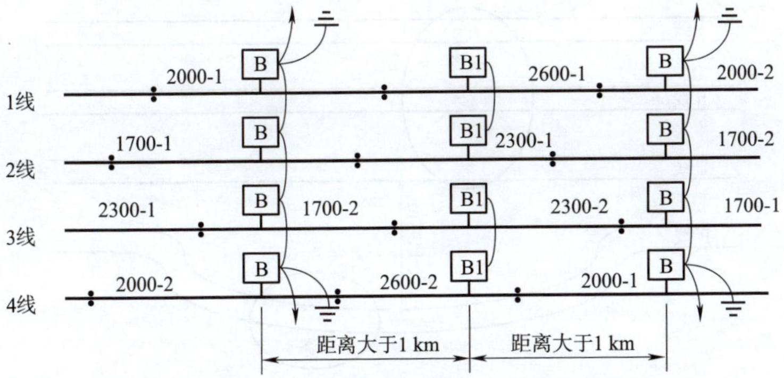

注:B表示高阻抗扼流变压器,B1表示空扼流变压器或空芯线圈。

图 2-30　多线并行简单横向连接示意图

(8)工程中存在四条线路分线的情况的处理:

①分为两条复线:在分线后两内侧邻近线路中心距离大于 20 m 时,按照两复线(或两条同方向载频并行线路)分别进行设置,示意如图 2-31 所示。

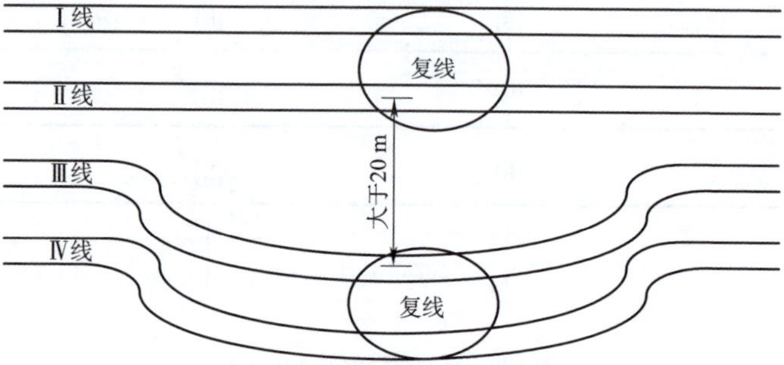

图 2-31 两复线设置示意图

②分为一条单线和三线并行:建议分线后两内侧邻近线路中心距离大于 20 m 时,单线按照既有标准设置,三线并行线路可参照四线要求进行设置,示意如图 2-32 所示。

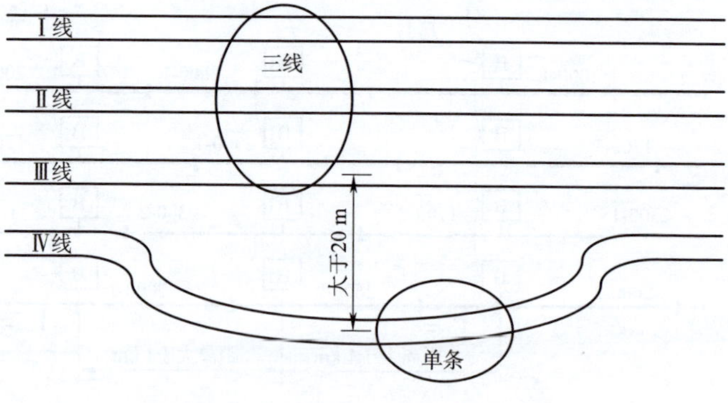

图 2-32 单线与三线设置示意图

(9)安装要求:

①用于横向连接的高阻抗扼流变压器距调谐区范围不小于 10 m;

②高阻抗扼流变压器引接线的钢轨连接点与轨道补偿电容器引接线的钢轨连接点间的距离应大于 1 m;

③进站口处多线并行时,应使用高阻抗扼流变压器进行完全横向连接,且高阻抗扼流变压器安装于距进站口空扼流变压器之间的距离不小于 50 m,如图 2-33 所示。

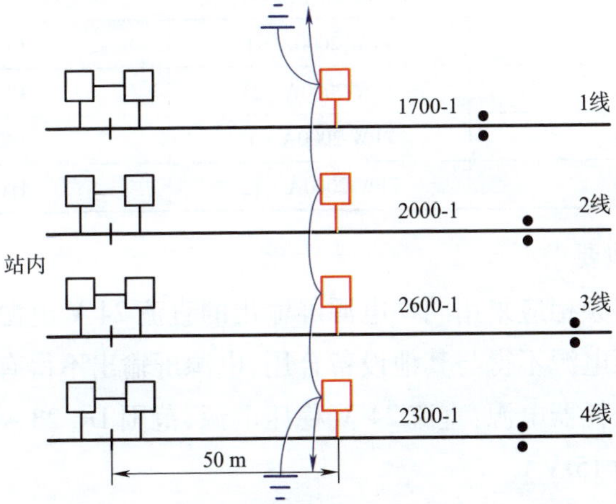

图 2-33　进站口高阻抗扼流变压器设置示意图

④高阻抗扼流变压器引接线的钢轨连接点与轨道补偿电容器引接线的钢轨连接点间的距离应大于 10 m。

第十节　供电电源

ZPW-2000A 型轨道电路系统内的有源设备分布在移频柜、接口柜及轨道电路监测及诊断机柜内部。

一、移频柜内设备电源

移频柜内发送器、接收器由电源屏供电,要求如下:

1. 电源质量要求

不间断直流 24 V 稳压电源,范围 DC 23 ~25 V。纹波电压峰-峰值不大于 200 mV,有效值不大于 50 mV。

2. 电源容量要求(表 2-11)

表 2-11 单区段耗电量

序号	轨道电路系统名称	单区段耗电量(VA)
1	ZPW-2000A · J	150
2	ZPW-2000A · J3	180
3	ZPW-2000A · T	180
4	ZPW-2000A · T2	180

3. 其他要求

同一移频柜应采用同一电源屏输出的直流 24 V 电源。

移频柜电源不得与其他设备合用,电源屏输出不得有接地情况。

采集衰耗器电源:直流 24 V 稳压电源,范围 DC 23 ~25 V,单台电源容量为 15 VA。

采集处理器电源:直流 24 V 稳压电源,范围 DC 23 ~25 V,单台电源容量为 24 VA。

二、轨道电路接口及诊断机柜电源要求

接口及诊断机柜电源适用于 ZPW-2000A · T、ZPW-2000A · T2 型轨道电路接口及诊断机柜内通信接口板电源模块、维护机、诊断主机、显示终端、室外监测通信主机需由电源屏供电。要求如下:

1. 通信接口板电源模块电源要求

(1)电源质量要求

不间断的交流稳压 220 V 电源,范围 AC 210 ~230 V。

(2)电源容量要求

共计 2 路独立电源,电源容量要求为 320 VA。

2. 维护机、诊断主机及显示终端电源要求

(1)电源质量要求

不间断的交流稳压 220 V 电源,范围 AC 210～230 V。

(2)电源容量要求

共计 1 路电源,容量为 530 VA。

3. 室外监测通信主机电源要求

(1)电源质量要求

不间断的交流稳压 220 V 电源,范围 AC 210～230 V。

(2)电源容量要求

共计 1 路电源,容量为 1 200 VA。

三、轨道电路诊断机柜电源要求

诊断机柜电源适用于 ZPW-2000A · J3,轨道电路诊断机柜内诊断主机、显示终端、室外监测通信主机需由电源屏供电。要求如下:

1. 诊断主机及显示终端电源要求

(1)不间断的交流稳压 220 V 电源,范围 AC 210～230 V。

(2)共计 1 路电源,容量为 530 VA。

2. 室外监测通信主机电源要求

(1)不间断的交流稳压 220 V 电源,范围 AC 210～230 V。

(2)共计 1 路电源,容量为 1 200 VA。

四、接口柜电源要求

接口柜内分线采集器、电流传感器由电源屏供电。要求如下:

1. 分线采集器电源要求

(1)不间断的直流 24 V 稳压电源,范围 DC 23～25 V。纹波电压峰-峰值不大于 200 mV,有效值不大于 50 mV。

(2)共计 1 路电源,每个分线采集器耗电量为 10 VA。

(3)独立 DC 24 V 电源接入。

2. 电流传感器电源要求

(1)不间断的直流 24 V 稳压电源,范围 DC 23 ~ 25 V。纹波电压峰-峰值不大于 200 mV,有效值不大于 50 mV。

(2)与分线采集器合用同一路电源,每个电流传感器耗电量为 0.3 VA。

第十一节　通信设计

ZPW-2000A · T 型轨道电路中,发送器、接收器、通信盘、分线采集器设备具有通信功能;ZPW-2000A · J 型轨道电路中,衰耗器、分线采集器设备具有通信功能。

一、移频柜通信设计

1. ZPW-2000A · T 型轨道电路中的移频柜通信设计

每个列控中心共计最多与 10 个移频柜通信,移频柜内通信总线拓扑图如图 2-34 所示。

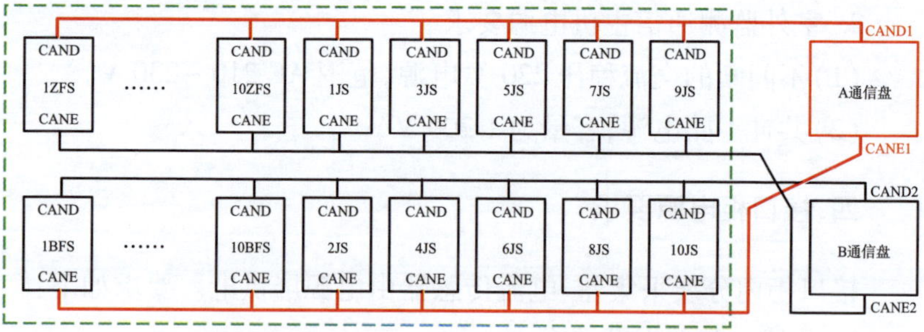

图 2-34　移频柜内通信总线拓扑图

移频柜零层 CAN 通信总线配线连接端子如图 2-35 所示。

2. ZPW-2000A · J 型轨道电路中的移频柜通信设计(图 2-36)

	11			
	04	03	02	01
A	#1BFS-CANEL	#1BFS-CANEH	#1ZFS-CANDL	#1ZFS-CANDH
B				
C				
D	#CANDE1T1-4	#CANDE1.T1-3	#CANDE1.T1-2	#CANDE1.T1-1

	12			
	04	03	02	01
A	#1ZFS-CANEL	#1ZFS-CANEH	#1BFS-CANDL	#1BFS-CANDH
B				
C				
D	#CANDE1.T2-4	#CANDE1.T2-3	#CANDE1.T2-2	#CANDE1.T2-1

图 2-35 移频柜零层 CAN 通信总线配线连接端子

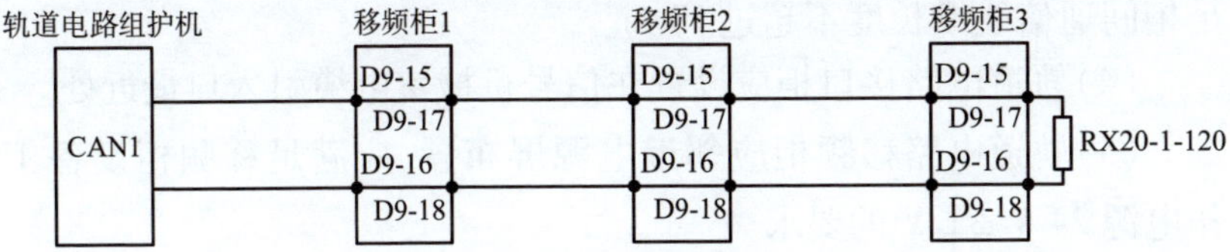

图 2-36 ZPW-2000A · J 型轨道电路中的移频柜通信设计

二、接口柜通信设计

每个维护机 CAN 口为一条通信总线，最多容纳 60 个通信点，每个通信点为一台分线采集器，每台接口柜内最多设置 14 台分线采集器。当通信点数量大于 60 个时，需增加通信总线数量，如图 2-37 所示。

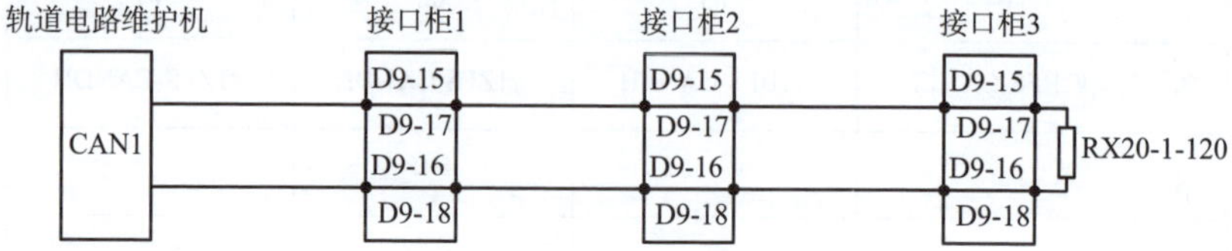

图 2-37　接口柜通信设计

第十二节　室内机柜布置

一、机柜布置位置及通信线缆长度要求

(1)通信编码 ZPW-2000A · T 型轨道电路的移频柜与轨道电路监测及诊断机柜之间应满足柜间的 CAND、CANE 通信线缆长度不超过 50 m。

(2)通信编码 ZPW-2000A · T 型轨道电路的监测及诊断机柜与列控中心主机柜邻近布置，应满足两机柜之间的 CANA、CANB 通信线缆长度不超过 5 m。

(3)轨道电路监测及诊断机柜与集中监测站机之间的距离应满足柜间通信线缆长度不超过 50 m。

(4)轨道电路接口柜应设置在信号机械室电缆引入口最近处。

(5)轨道电路移频柜应邻近电源屏布置，应满足移频柜设备工作电源 24 V ± 1 V 的要求。

(6)轨道电路接口柜与轨道电路监测及诊断机柜间的 CANCE 通信线缆长度不超过 50 m。

二、机柜接地要求

(1)接口柜内 FLE 端子排用于连接防雷地，DLE 端子排用于连接屏蔽地，FLE 与 DLE 端子排不得在机柜内直接连接。

(2)移频柜内柜体接地排连接至机械室等电位汇集排，屏蔽层接地排连接至屏蔽地汇集排。

三、其他要求

接口柜、移频柜需确保空气流动。

第十三节　停电监督设计

ZPW-2000A · T 型轨道电路用于站内区段时设置停电监督检查。停电监督检查应考虑轨道电路系统上电恢复时间不大于 10 s。

ZPW-2000A · J 型轨道电路时设置移频报警。

一、停电监督设计

ZPW-2000A · T 型轨道电路站内区段按进路要求进行停电监督设计。串接进路区段主备发送器的断路器接点端子后，连接至停电监督继电器，如图 2-38 所示。

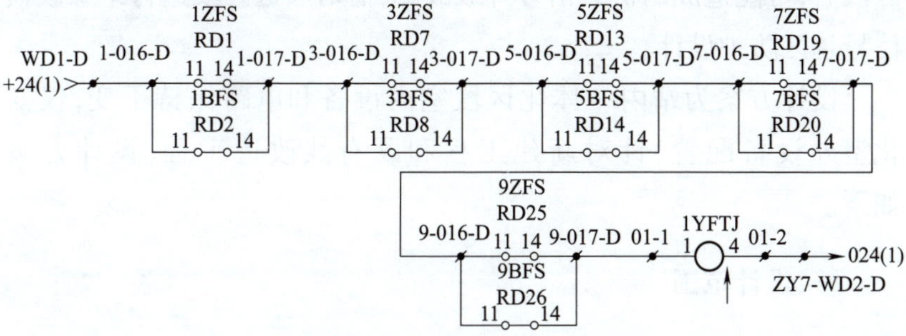

图 2-38　停电监督设计示意图

停电监督继电器接入联锁系统。

二、移频报警设计

ZPW-2000A · J 型轨道电路需设计移频报警电路。通过串接各区段衰耗器的报警接点后,连接至移频报警继电器,如图 2-39 所示。

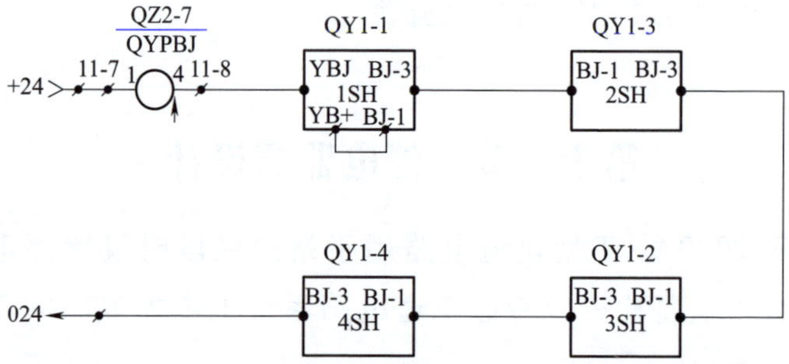

图 2-39 移频报警设计示意图

第十四节 一体化股道绝缘破损信号越区防护设计

在 ZPW-2000A · T 型轨道电路应用于站内一体化区段,为防护股道区段与道岔区段间的机械绝缘节破损时道岔区段信号侵入股道区段后,可能造成的机车信号升级故障,需对股道区段进行绝缘破损信号越区防护设计。

设计方案为站内一体化区段室内设备和电路保持不变,仅变化室外设备配置,针对新建工程和既有线改造工程,设计方案如下。

一、设计范围

高速铁路站内一体化轨道电路股道区段。

二、新建工程设计

1. 股道有一处分割的情况

股道分割一处，由两个区段构成的股道。

(1)在两个区段送、受端分别设置空扼流变压器 BE(K)-1000/ZPW、调谐匹配单元和机械绝缘节空芯线圈；

(2)在距股道两端信号机绝缘节 18 m ± 1 m 的位置分别设置补偿调谐单元；

(3)补偿电容设置要求不变，仅股道首末两端补偿电容不安装(共两支)。

如图 2-40 所示。

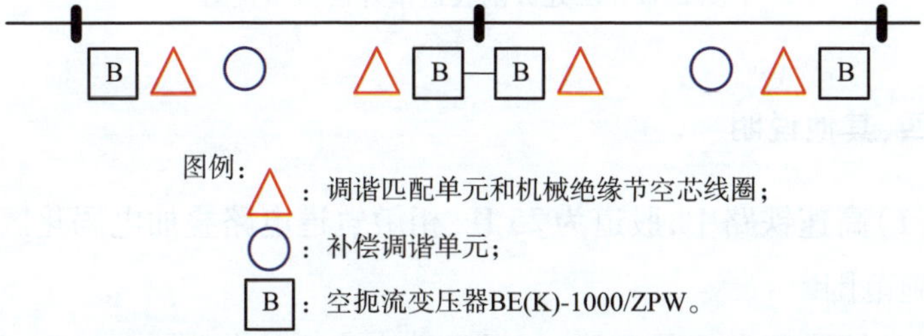

图 2-40　一处分割股道室外设备布置图

2. 股道有两处分割的情况

股道分割两处，由三个区段构成的股道。

(1)在三个区段送、受端分别设置空扼流变压器 BE(K)-1000/ZPW、调谐匹配单元和机械绝缘节空芯线圈；

(2)在距股道两端信号机绝缘节 18 m ± 1 m 的位置分别设置补偿调谐单元；

(3)补偿电容设置要求不变，仅股道首末两端补偿电容不安装(共两支)。

三、既有线改造工程设计

为最大限度利旧现场设备，保留原扼流适配变压器 BES(K)-1000/ZPW，其他既有改造工程设计方案与新建工程设计相同，具体布置图如图 2-41 所示。

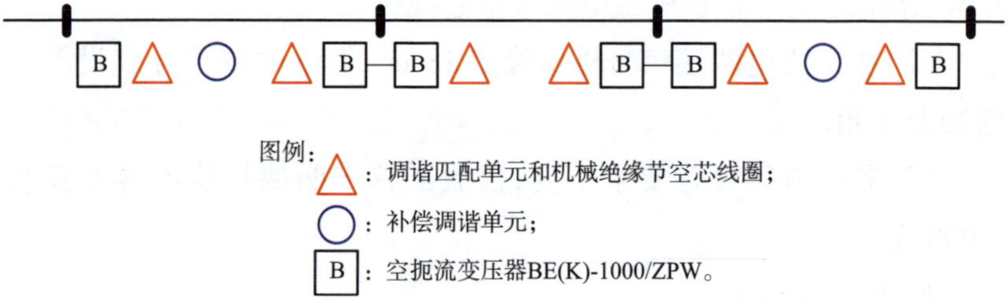

图 2-41　二处分割股道室外设备布置图

四、其他说明

(1)高速铁路中，股道为 25 Hz 相敏轨道电路叠加电码化区段不为实施范围。

(2)股道区段为尽头线时，尽头端也为实施范围。

(3)股道为双频区段时，不能实施。

第十五节　区间轨道电路诊断及室外监测设计

根据《ZPW-2000 区间轨道电路室外监测及诊断系统暂行技术条件》(TJ/DW 197—2017)，ZPW-2000A 区间轨道电路诊断功能分为区间轨道电路 9 区域诊断功能和 11 区域诊断功能。其中，9 区域诊断功能不需设置轨道电路室外监测设备，11 区域诊断功能需要设置室外监测设备和室内通信设备。

一、系统结构

ZPW-2000A 型区间轨道电路室外监测及诊断系统由既有室内数据采集设备(轨道电路监测终端)、轨道电路诊断主机和室外数据采集设备组成。由轨道电路诊断主机通过室内监测数据和室外监测数据判断轨道电路故障区域后,将结果输出至集中监测站机显示,如图 2-42、图 2-43 所示。

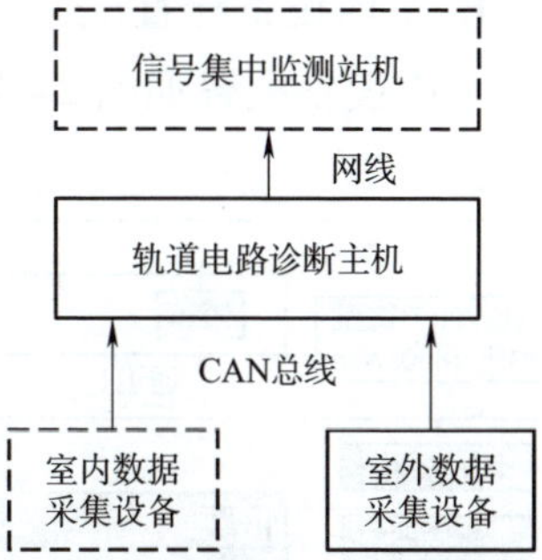

图 2-42　区间轨道电路室外监测及诊断系统原理图

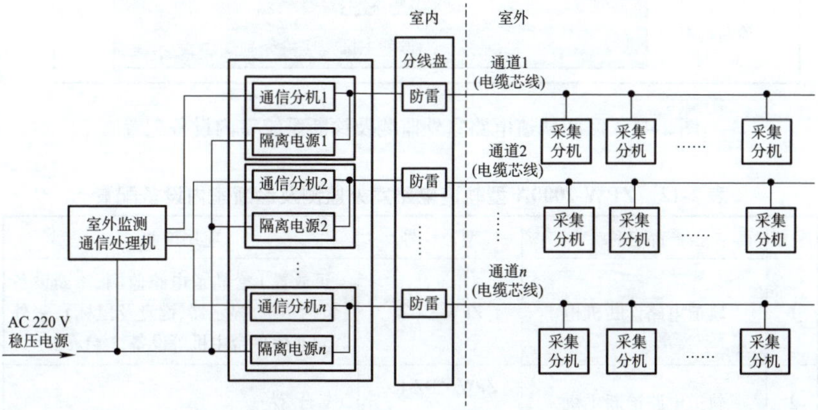

图 2-43　区间轨道电路室外数据采集原理图

二、诊断功能和室外监测设计

诊断功能分为 9 区域功能与 11 区域功能,室内数据采集、诊断主机设置方法相同。室外数据采集根据采集设备不同,分为调谐匹配设备一体式采集和分体式采集。

1. 室内设备配置

室内设备配置如图 2-44 所示，设备配置见表 2-12。

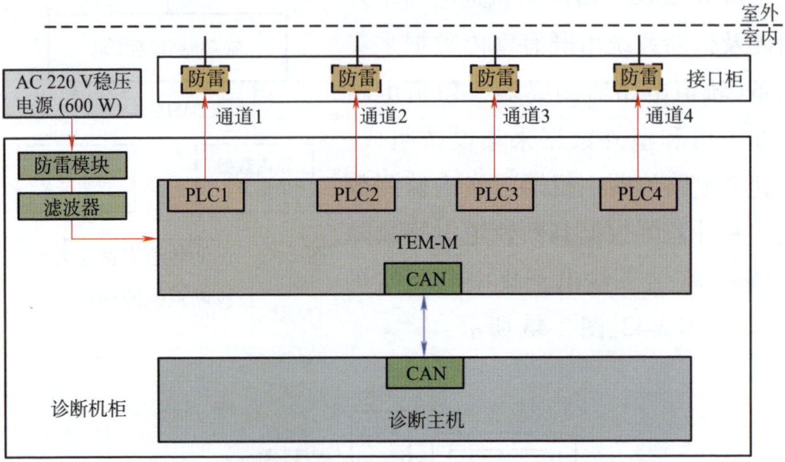

图 2-44 区间轨道电路室外监测及诊断系统室内设备配置

表 2-12 ZPW-2000A 型轨道电路室外监测及诊断室内设备配置

序号	产品名称	型 号	应用说明
1	轨道电路诊断机柜	ZPW · GZ	可放置 1 套轨道电路监测、诊断设备(包括主机、显示器、键盘及鼠标)、室外监测通信平台主机等设备，1 台/站
2	轨道电路诊断主机	ZPW · DZ-K/ ZPW · DZ-T	1 台/站
3	室外监测单元平台主机	TEM-M	2 台/车站，1 台/中继站
4	分线盘防雷单元	SFLM-220	8 个/车站，4 个/中继站

注：仅增加诊断功能改造时，若不能设置轨道电路诊断机柜，可使用 ZPW · DZ-T 型诊断主机。

2. 室外设备配置

室外设备由采集分机、传输电缆构成，如图 2-45 所示，设备配置见表 2-13。

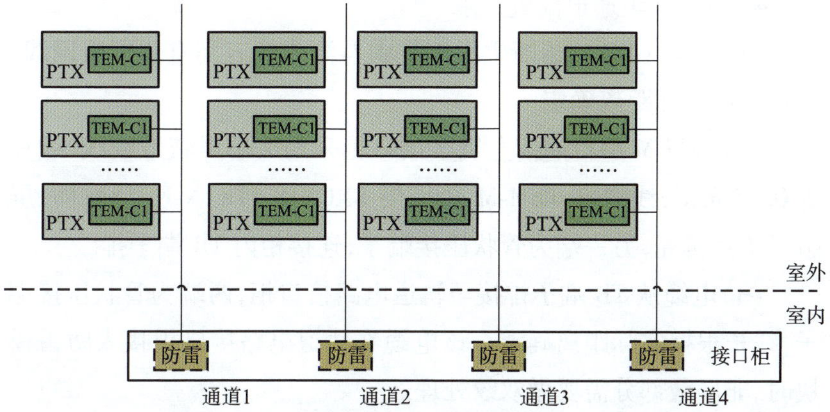

图 2-45　区间轨道电路室外监测采集设备配置

表 2-13　ZPW-2000A 型轨道电路室外监测采集设备配置

序号	产品名称	型　　号	应用说明
1	信息调谐匹配单元	ZPW · PTX-1700	2 台/区段(可不包含 TEM-C1)
2		ZPW · PTX-2000	
3		ZPW · PTX-2300	
4		ZPW · PTX-2600	
5	Ⅰ型分布式采集模块	TEM-C1	需有室外监测功能时安装于 PTX 内，2 台/区段
6	传输电缆		按需

注：采用分体式采集分机时，由集中监测配置室外监测设备。

3. 室外采集通道配置要求

(1)TEM-M 的每个载波通道最多连接 20 台 PTX；

(2)发送端的 PTX 与接收端的 PTX 不能接入同一载波通道；

(3)上行区段 PTX 与下行区段 PTX 不能接入同一载波通道；

(4)一个通道内两台 PTX 内采集分机之间电缆距离应小于 3 km。

4. 室内采集通道配置要求

(1)ZPW · DZ-K 诊断主机至集中监测为超五类直连屏蔽网线，线长根据实际距离确定。

(2)TEM-M 平台通信主机至接口柜采用 2 芯屏蔽双绞线，线径为 0.75 mm^2，线缆在 TEM-M 端采用 LXCY18-4TK1N-FJ 型航插，屏蔽层不接机壳，另一端为管状压接端子，连接柜内 TB 端子排。

(3)电缆从 TB 端子排接至轨道电路接口柜，两端为管状压接端子，线长根据实际距离确定。该电缆在轨道电路接口柜接入防雷模块时，非屏蔽部分需要做双绞处理。

5. 通信电缆通道配置要求

(1)室外通信电缆的使用应符合《ZPW-2000 轨道电路技术条件》(TB/T 3206—2017)中规定的电缆使用原则；

(2)室外通信电缆不得在发送和接收电缆间交叉连通，上行与下行、发送与接收应分缆设计。

第十六节　室内机柜内部配置及接口配线

一、移频柜设备布置

1. ZPW-2000A · T 型轨道电路移频柜设备布置

(1)移频柜按外部配线走线方式分为下出线及上出线两种方式，根据现场走线需要选用。

(2)每台移频柜可放置 10 个区段轨道电路设备，包括 5 路纵向组合，每路组合可安装 2 个轨道电路区段设备。

(3)每套轨道电路设备，机柜正面包括主发送器、备发送器、接收器、衰耗冗余控制器，机柜背面包括主发送器断路器、备发送器断路器、接收器断路器、零层端子、电源端子、CAN 总线终端匹配电阻。

(4)主发送器、备发送器由衰耗冗余控制器构成“1 + 1”双机热备。

(5)同一槽道内主接收器、备接收器由衰耗冗余控制器构成“0.5 +0.5”冗余。

(6)移频柜区段设备布置如图 2-46 所示。

机柜名称 / 设备名称	YP(正面)				
主发送器	1ZFS	3ZFS	5ZFS	7ZFS	9ZFS
	ZPW · F-K	ZPW · F-K	ZPW · F-K	ZPW · F-K	ZPW · F-K
备发送器	1BFS	3BFS	5BFS	7BFS	9BFS
	ZPW · F-K	ZPW · F-K	ZPW · F-K	ZPW · F-K	ZPW · F-K
接收器	1JS	3JS	5JS	7JS	9JS
	ZPW · J-K	ZPW · J-K	ZPW · J-K	ZPW · J-K	ZPW · J-K
衰耗冗余控制器	1 衰耗冗余	3 衰耗冗余	5 衰耗冗余	7 衰耗冗余	9 衰耗冗余
	ZPW · RS-K	ZPW · RS-K	ZPW · RS-K	ZPW · RS-K	ZPW · RS-K
衰耗冗余控制器	2 衰耗冗余	4 衰耗冗余	6 衰耗冗余	8 衰耗冗余	10 衰耗冗余
	ZPW · RS-K	ZPW · RS-K	ZPW · RS-K	ZPW · RS-K	ZPW · RS-K
主发送器	2ZFS	4ZFS	6ZFS	8ZFS	10ZFS
	ZPW · F-K	ZPW · F-K	ZPW · F-K	ZPW · F-K	ZPW · F-K
备发送器	2BFS	4BFS	6BFS	8BFS	10BFS
	ZPW · F-K	ZPW · F-K	ZPW · F-K	ZPW · F-K	ZPW · F-K
接收器	2JS	4JS	6JS	8JS	10JS
	ZPW · J-K	ZPW · J-K	ZPW · J-K	ZPW · J-K	ZPW · J-K

图 2-46　ZPW-2000A · T 型轨道电路移频柜布置图

下走线方式移频柜背面布置如图 2-47 所示。

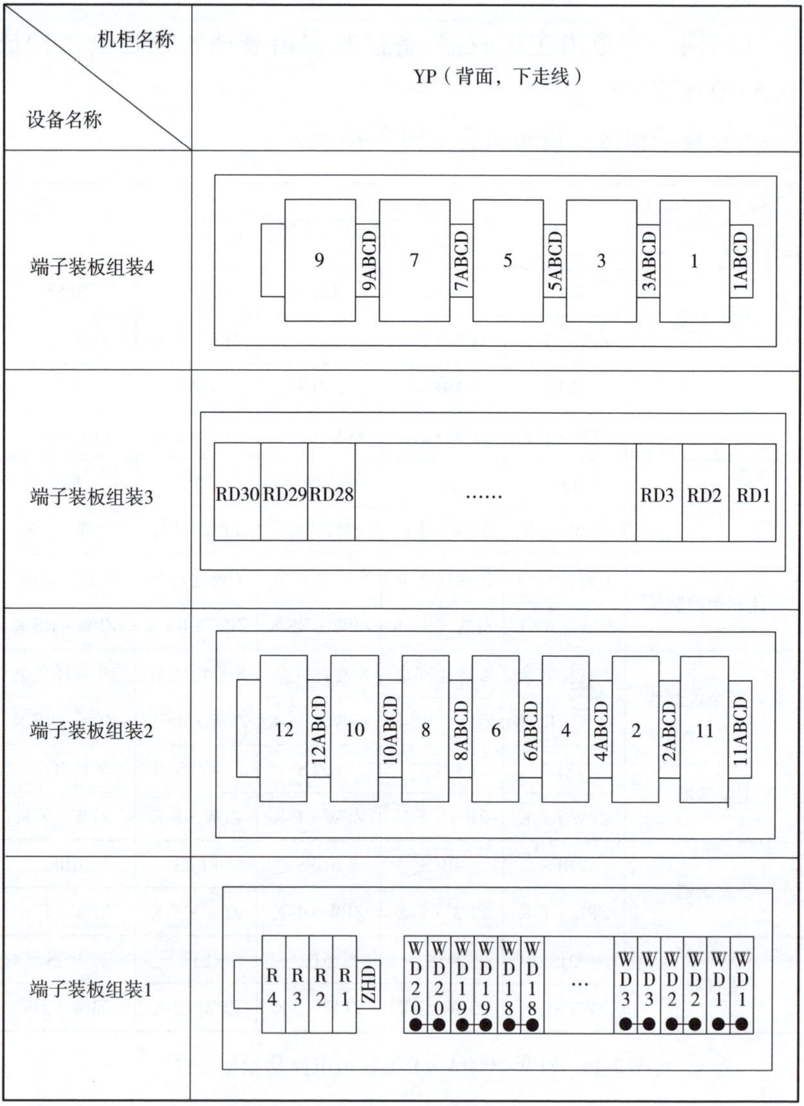

图 2-47　移频柜背面布置图(下出线)

(7)上走线方式移频柜背面布置如图 2-48 所示。

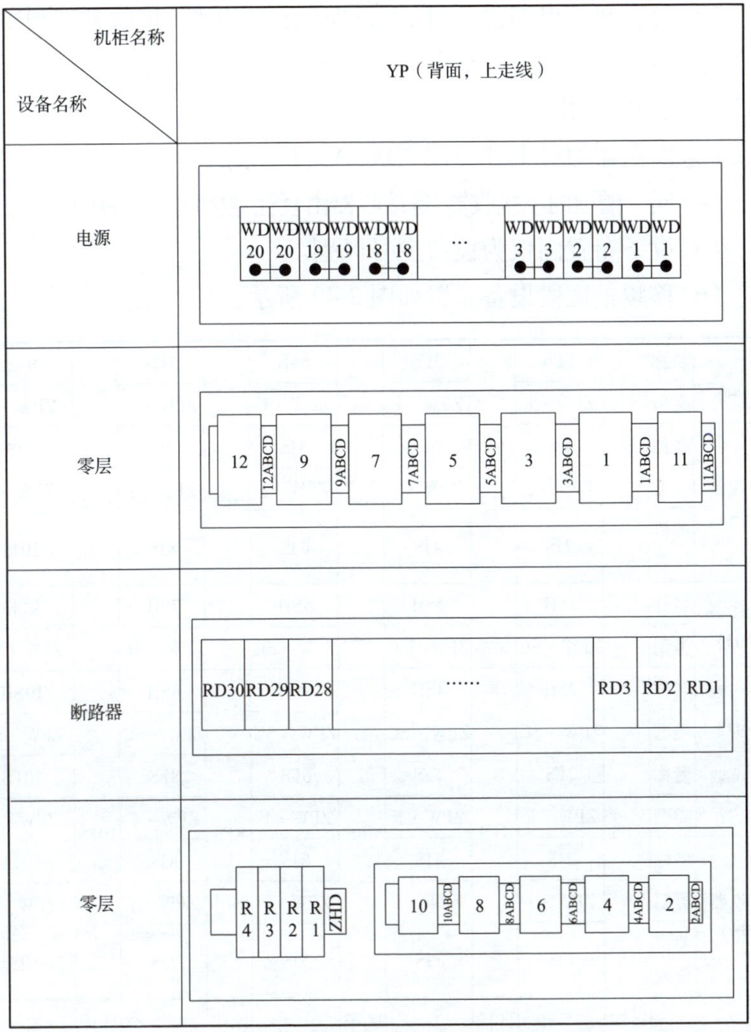

图 2-48　移频柜背面布置图(上出线)

2. ZPW-2000A・J 型轨道电路移频柜设备布置

(1)每台移频柜可放置 10 个区段轨道电路设备,包括 5 路纵向组合，每路组合可安装 2 个轨道电路区段设备。

(2)每套轨道电路设备，机柜正面包括发送器、接收器、衰耗器，机柜背面包括发送器断路器、接收器断路器、零层端子、电源端子、CAN 总线终端匹配电阻。

(3)发送器通过 FBJ 电路构成“$N+1$”冗余。

(4)同一槽道内主接收器、备接收器由衰耗器构成“0.5 +0.5”冗余。

(5)设备布置图仅为设备型号区别。

(6)移频柜区段设备布置如图 2-49 所示。

发送器(FS)	名称		1FS		3FS		5FS		7FS		9FS
	类型		ZPW · F		ZPW · F		ZPW · F		ZPW · F		ZPW · F
接收器(JS)	名称		1JS		3JS		5JS		7JS		9JS
	类型	1FS	ZPW · J	3FS	ZPW · J	5FS	ZPW · J	7FS	ZPW · J	9FS	ZPW · J
	关机位置		2JS		4JS		6JS		8JS		10JS
衰耗器(SH)	名称		1SH		3SH		5SH		7SH		9SH
	类型		ZPW · SC		ZPW · SC	□	ZPW · SC		ZPW · SC		ZPW · SC
衰耗器(SH)	名称		2SH		4SH		6SH		8SH		10SH
	类型		ZPW · SC		ZPW · SC		ZPW · SC		ZPW · SC		ZPW · SC
发送器(FS)	名称		2FS		4FS		6FS		8FS		10FS
	类型	2FS	ZPW · F	4FS	ZPW · F	6FS	ZPW · F	8FS	ZPW · F	10FS	ZPW · F
接收器(JS)	名称		2JS		4JS		6JS		8JS		10JS
	类型		ZPW · J		ZPW · J		ZPW · J		ZPW · J		ZPW · J
	关机位置		1JS		3JS		5JS		7JS		9JS
		区段名称载频		区段名称载频		区段名称载频		区段名称载频		区段名称载频	
纵向组合位置		1		2		3		4		5	

图 2-49 ZPW-2000A · J 型轨道电路移频柜布置图

3. ZPW-2000A·J3 型轨道电路移频柜设备布置

(1)每台移频柜可放置 10 个区段轨道电路设备,包括 5 路纵向组合,每路组合可安装 2 个轨道电路区段设备。

(2)每套轨道电路设备,机柜正面包括主发送器、备发送器、接收器、衰耗冗余控制器,机柜背面包括主发送器断路器、备发送器断路器、接收器断路器、零层端子、电源端子、CAN 总线终端匹配电阻。

(3)主发送器、备发送器由衰耗冗余控制器构成"1+1"双机热备。

(4)同一槽道内主接收器、备接收器由衰耗冗余控制器构成"0.5+0.5"冗余。

(5)移频柜区段设备布置如图 2-50 所示。

二、接 口 柜

1. ZPW-2000A 型轨道电路移频柜设备布置

接口柜走线有下出线及上出线两种方式,根据现场走线需要选用。

(1)接口柜用于放置防雷模拟网络组匣及分线采集器,每个接口柜内可放置 9 层防雷模拟网络组匣。

(2)为了实现近距离采集信号,分线采集器安装在接口柜防雷模拟网络组匣内,每层防雷模拟网络组匣最多可放置 6 台防雷模拟网络盘及 2 台分线采集器。

(3)第 2 层 ~ 第 9 层:每 2 层防雷模拟网络组匣位置 1 各配置 1 台分线采集器,位置 8 配置 1 台分线采集器,共 3 台分线采集器;位置 2 ~ 位置 7 放置防雷模拟网络盘 1 层;位置 1 配置 1 台分线采集器;位置 8 配置 1 台分线采集器。

架位 设备名称		QY1									
主发送器(ZFS)	名称		1ZFS		3ZFS		5ZFS		7ZFS		9ZFS
	类型		ZPW·F2		ZPW·F2		ZPW·F2		ZPW·F2		ZPW·F2
备发送器(BPS)	名称	0431G	1BFS	0443G	3BFS	0453G	5BFS	0465G	7BFS	0477BG	9BFS
	类型		ZPW·F2		ZPW·F2		ZPW·F2		ZPW·F2		ZPW·F2
接收器(JS)	名称		1JS		3JS		5JS		7JS		9JS
	类型		ZPW·J2		ZPW·J2		ZPW·J2		ZPW·J2		ZPW·J2
衰耗冗余控制器(RSC)	名称		1RS		3RS		5RS		7RS		9RS
	类型	1700-2	ZPW·RSC	2300-1	ZPW·RSC	1700-1	ZPW·RSC	2300-2	ZPW·RSC	1700-2	ZPW·RSC
衰耗冗余控制器(RSC)	名称		2RS		4RS		6RS		8RS		10RS
	类型	0440G	ZPW·RSC	0452G	ZPW·RSC	0462G	ZPW·RSC	0472G	ZPW·RSC	0484G	ZPW·RSC
主发送器(ZFS)	名称		2ZFS		4ZFS		6ZFS		8ZFS		10ZFS
	类型		ZPW·F2		ZPW·F2		ZPW·F2		ZPW·F2		ZPW·F2
备发送器(BFS)	名称		2BFS		4BFS		6BFS		8BFS		10BFS
	类型		ZPW·F2		ZPW·F2		ZPW·F2		ZPW·F2		ZPW·F2
接收器(JS)	名称	2000-1	2JS	2600-1	4JS	2000-2	6JS	2600-1	8JS	2000-1	10JS
	类型		ZPW·J2		ZPW·J2		ZPW·J2		ZPW·J2		ZPW·J2
		区段 名称 载频		区段 名称 载频		区段 名称 载频		区段 名称 载频		区段 名称 载频	
纵向组合位置		1		2		3		4		5	

图 2-50 ZPW-2000A·J 型轨道电路移频柜布置图

(4)每层防雷模拟网络组匣背面固定配置 2 个 3×18 柱端子,防雷模拟网络盘设备侧信号及电缆侧信号通过侧面端子接入零层,防雷模拟网络组匣内部为固定配置,组匣内部的配线设计为定型组合配线,由工厂在厂内配置完成。

满配设备布置举例如图 2-51、图 2-52 所示，以下走线设计为例，上走线设计为将零层挪至最上方。

组匣位置	组匣类型（机柜名称）	接口柜（正面布置图）							
9	防雷模拟 组合9	分线采集器1 采集电缆侧 （9-1）	区段1送端 ZPW.ML-K (9-2)	区段1受端 ZPW.ML-K (9-3)	区段2送端 ZPW.ML-K (9-4)	区段2受端 ZPW.ML-K (9-5)	区段3送端 ZPW.ML-K (9-6)	区段3受端 ZPW.ML-K (9-7)	分线采集器2 采集设备侧 (9-8)
8	防雷模拟 组合8	分线采集器3 采集电缆侧 （8-1）	区段4送端 ZPW.ML-K (8-2)	区段4受端 ZPW.ML-K (8-3)	区段5送端 ZPW.ML-K (8-4)	区段5受端 ZPW.ML-K (8-5)	区段6送端 ZPW.ML-K (8-6)	区段6受端 ZPW.ML-K (8-7)	
7	防雷模拟 组合7	分线采集器4 采集电缆侧 （7-1）	区段7送端 ZPW.ML-K (7-2)	区段7受端 ZPW.ML-K (7-3)	区段8送端 ZPW.ML-K (7-4)	区段8受端 ZPW.ML-K (7-5)	区段9送端 ZPW.ML-K (7-6)	区段9受端 ZPW.ML-K (7-7)	分线采集器5 采集设备侧 (7-8)
6	防雷模拟 组合6	分线采集器6 采集电缆侧 （6-1）	区段10送端 ZPW.ML-K (6-2)	区段10受端 ZPW.ML-K (6-3)	区段11送端 ZPW.ML-K (6-4)	区段11受端 ZPW.ML-K (6-5)	区段12送端 ZPW.ML-K (6-6)	区段12受端 ZPW.ML-K (6-7)	
5	防雷模拟 组合5	分线采集器7 采集电缆侧 （5-1）	区段13送端 ZPW.ML-K (5-2)	区段13受端 ZPW.ML-K (5-3)	区段14送端 ZPW.ML-K (5-4)	区段14受端 ZPW.ML-K (5-5)	区段15送端 ZPW.ML-K (5-6)	区段15受端 ZPW.ML-K (5-7)	分线采集器8 采集设备侧 (5-8)
4	防雷模拟 组合4	分线采集器9 采集电缆侧 （4-1）	区段16送端 ZPW.ML-K (4-2)	区段16受端 ZPW.ML-K (4-3)	区段17送端 ZPW.ML-K (4-4)	区段17受端 ZPW.ML-K (4-5)	区段18送端 ZPW.ML-K (4-6)	区段18受端 ZPW.ML-K (4-7)	
3	防雷模拟 组合3	分线采集器10 采集电缆侧 （3-1）	区段19送端 ZPW.ML-K (3-2)	区段19受端 ZPW.ML-K (3-3)	区段20送端 ZPW.ML-K (3-4)	区段20受端 ZPW.ML-K (3-5)	区段21送端 ZPW.ML-K (3-6)	区段21受端 ZPW.ML-K (3-7)	分线采集器11 采集设备侧 (3-8)
2	防雷模拟 组合2	分线采集器12 采集电缆侧 （2-1）	区段22送端 ZPW.ML-K (2-2)	区段22受端 ZPW.ML-K (2-3)	区段23送端 ZPW.ML-K (2-4)	区段23受端 ZPW.ML-K (2-5)	区段24送端 ZPW.ML-K (2-6)	区段24受端 ZPW.ML-K (2-7)	
1	防雷模拟 组合1	分线采集器13 采集电缆侧 （1-1）	区段25送端 ZPW.ML-K (1-2)	区段25受端 ZPW.ML-K (1-3)	区段26送端 ZPW.ML-K (1-4)	区段26受端 ZPW.ML-K (1-5)	区段27送端 ZPW.ML-K (1-6)	区段27受端 ZPW.ML-K (1-7)	分线采集器14 采集设备侧 (1-8)
0	零层	D1 D2 D3 D4 D5 D6 D7 D8 D9 D10 D11 D7 D6 D5 D4 D3 D2 D1 D19 D20　FLE　DLE							

图 2-51　接口柜正面布置图(下出线)

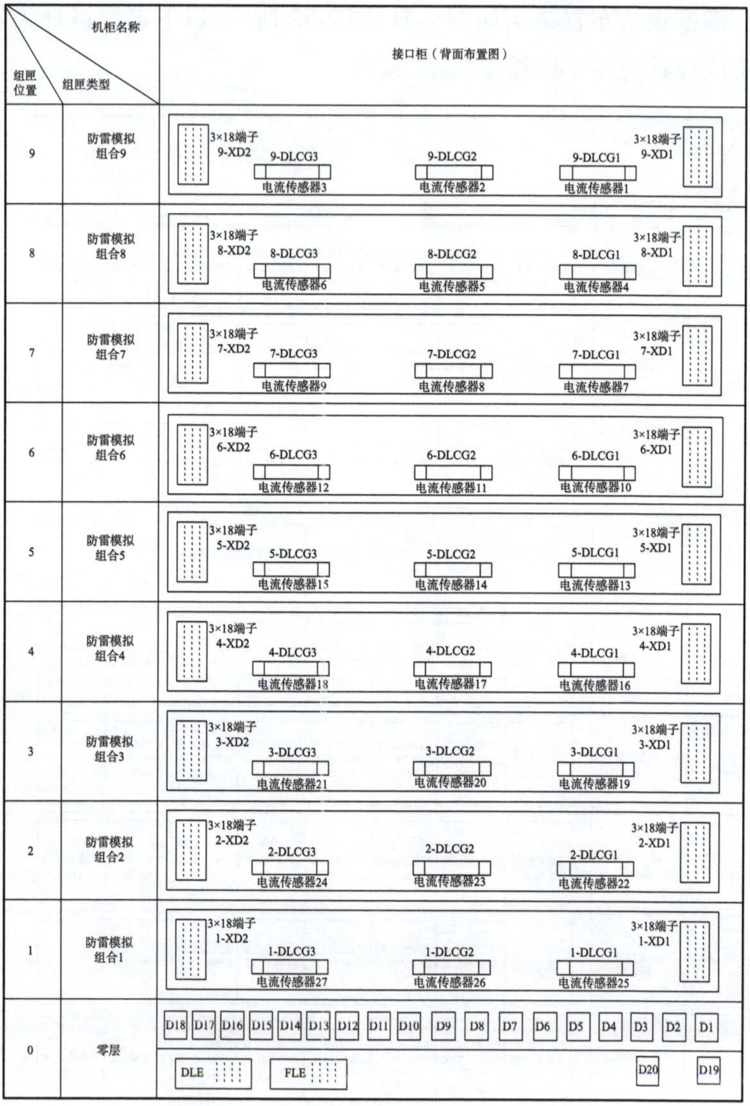

图 2-52　接口柜背面布置图(下出线)

2. 轨道电路诊断机柜布置

轨道电路诊断机柜可根据需要放置 ZPW-2000A 型轨道电路监

测设备、轨道电路通信接口设备、室外监测及诊断系统设备。

(1)可安装 1 台轨道电路监测维护机、1 台诊断主机和显示器、键盘及视频切换等设备。

(2)可安装 2 个轨道电路通信接口组匣,2 个交流 220 V 转直流 24 V 电源模块。

(3)可安装 2 套平台主机设备。

(4)机柜布置如图 2-53 所示。

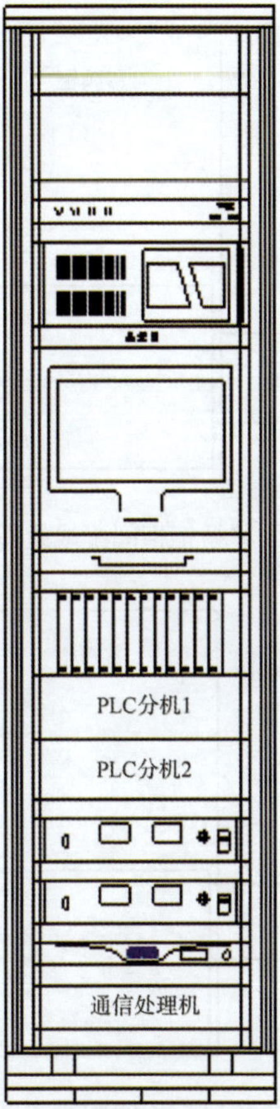

图 2-53　轨道电路诊断机柜布置图

第十七节　室内外配线线缆

一、室内线缆配线要求

室内机柜柜间连接线示意如图 2-54 至图 2-56 所示，线缆规格见表 2-14。

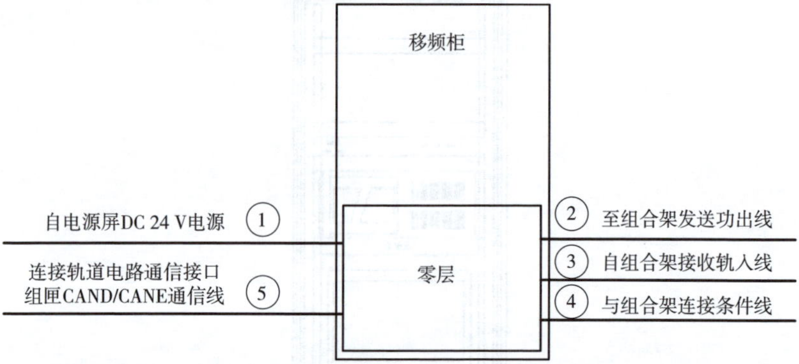

图 2-54　移频柜柜间配线线缆示意图

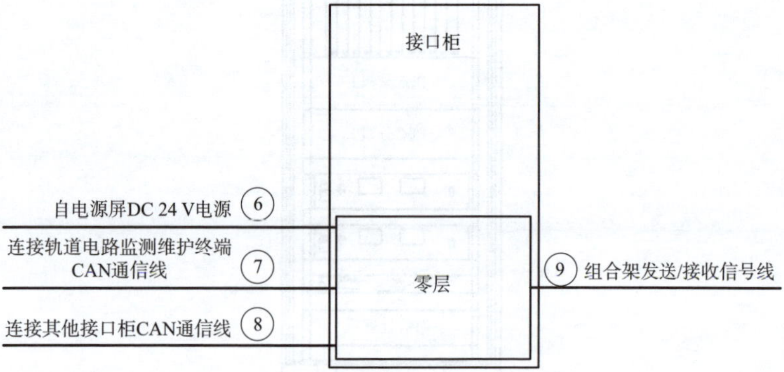

图 2-55　接口柜柜间配线线缆示意图

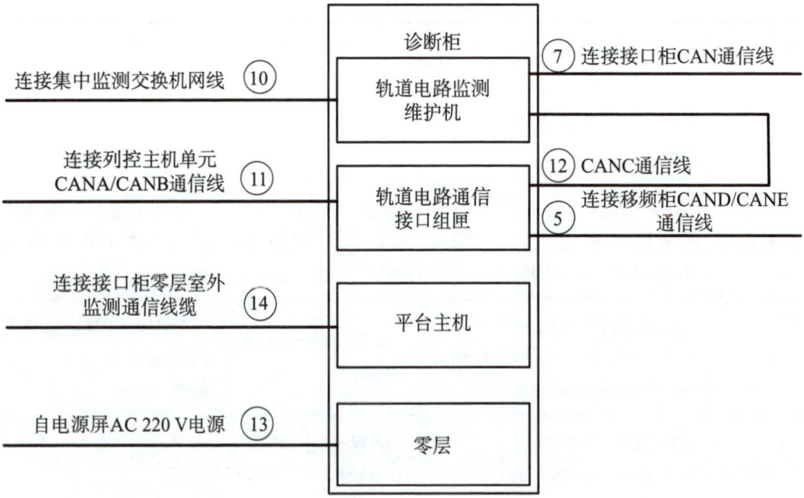

图 2-56　监测柜柜间配线线缆示意图

表 2-14　室内机柜柜间连接线线缆规格表

电缆序号	线缆规格	要求	备　注	其　他
①号线缆	线截面积不大于 16 mm^2 的阻燃多芯铜线	—		DC 24 V 电源线
②号线缆	线截面积不小于 0.75 mm^2 的阻燃屏蔽双绞线	—	推荐采用 ZB90 ℃ TH RVSP 2 × 42 × 0.15(红、白)	功出线
③号线缆	线截面积不小于 0.4 mm^2 的阻燃屏蔽双绞线	—	推荐采用 ZB90 ℃ TH RVSP 2 × 23 × 0.15(红、白)	轨入线
④号线缆	线截面积不小于 0.4 mm^2 的阻燃塑料软线	—	推荐采用 ZB90 ℃ TH RV 23 ×0.15(蓝)	包括 GJ 线、ZFJ/FFJ 条件线、G24 线、断路器断开接点条件线、断路器故障报警接点条件线
⑤号线缆	线截面积不小于 0.4 mm^2 的双根阻燃屏蔽双绞线	≤50 m	线缆一端为管状压接端子，一端为圆形电连接器	CAND、CANE 通信线

续上表

电缆序号	线缆规格	要求	备　注	其　他
⑥号线缆	线截面积不大于 1.5 mm^2 的阻燃多芯铜线	—		DC 24 V 电源线
⑦号线缆	线截面积为 0.4 mm^2 的阻燃屏蔽双绞线 SBVPVZR2×23×0.15	≤50 m	线缆一端为管状压接端子，一端为 DB9 母头	分线采集器至轨道电路监测维护机 CAN 通信线
⑧号线缆	线截面积为 0.4 mm^2 的阻燃屏蔽双绞线 SBVPVZR2×23×0.15	≤50 m	线缆二端均为管状压接端子	分线采集器至轨道电路监测维护机 CAN 通信线
⑨号线缆	线截面积不小于 0.75 mm^2 的阻燃屏蔽双绞线	—	推荐采用 ZB90 ℃ TH RVSP2×42×0.15（红、白）	组合架至接口柜的发送或接收信号线
⑩号线缆	超 5 类屏蔽线	≤50 m	两端为 RJ45 接头	轨道电路监测维护机至集中监测通信线
⑪号线缆	双根阻燃屏蔽双绞线 SBVPVZR 2×23×0.15	≤5 m	线缆一端为 DB9 头，一端为圆形电连接器	CANA、CANB 通信线
⑫号线缆	单根 CAN 总线专用屏蔽电缆	≤5 m	线缆一端为 DB9 母头，一端为圆形电连接器。推荐采用 93 050 016	CANC 通信线
⑬号线缆	线截面积不大于 4 mm^2 的阻燃多芯铜线	—		AC 220 V 电源线
⑭号线缆	线截面积不小于 0.75 mm^2 的阻燃屏蔽双绞线	—	推荐采用 ZB90 ℃ TH RVSP 2×42×0.15（红、白）	室外监测通信线

二、室外设备连接线

室外设备连接线示意如图 2-57、图 2-58 所示，线缆规格见表 2-15。

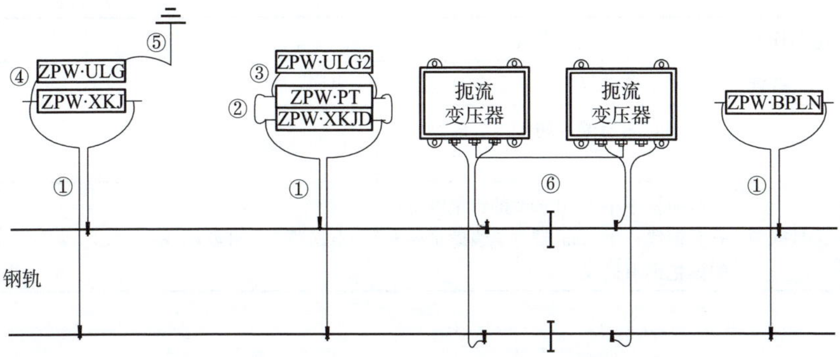

图 2-57　室外设备连接线缆示意图

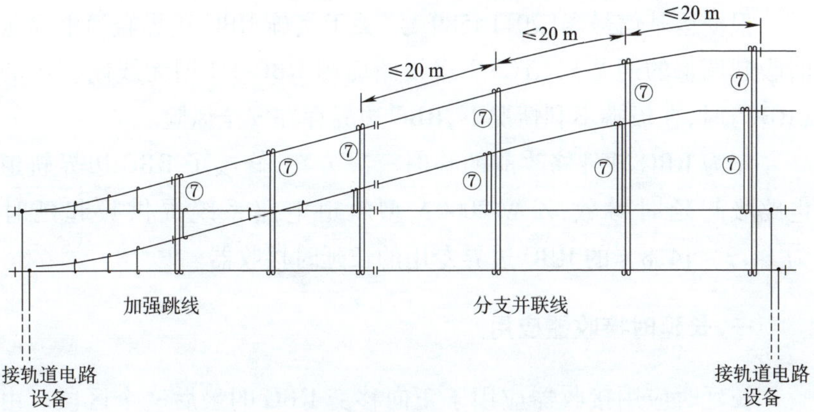

图 2-58　道岔区段室外跳线和分支并联跳线示意图

表 2-15　室外设备连接线缆规格表

电缆序号	线缆规格	备　注
①号线缆	95 mm^2 带有绝缘防护外套的双根单接头钢包铜引接线	室外设备至钢轨连接线
②号线缆	10 mm^2 多股铜线	调谐匹配单元至机械绝缘节空芯线圈
③号线缆	7.4 mm^2 多股铜线	调谐匹配单元至横向防雷单元
④号线缆	10 mm^2 带绝缘防护外套多股铜线	空芯线圈至纵向防雷单元

续上表

电缆序号	线缆规格	备　注
⑤号线缆	25 mm^2 带绝缘防护外套多股铜线	纵向防雷单元至地
⑥号线缆	95 mm^2 带有绝缘防护外套的钢包铜引接线	横向连接线
⑦号线缆	截面积不小于 70 mm^2 的带绝缘防护外套铜线或 95 mm^2 带有绝缘防护外套的钢包铜引接线	道岔跳线及并联跳线

第十八节　无线闭塞中心边界应用

根据运基信号函〔2011〕589 号《关于实施 RBC 边界轨道电路延时吸起调整的通知》，CTCS-3 级线路应用 RBC-TH 型无线闭塞中心（RBC）时，在极端不利情况下，RBC 边界存在安全风险。

作为 RBC 软件修改前的临时解决方案，修改了 RBC 边界轨道电路吸起延时参数，ZPW-2000A 型轨道电路系统提供吸起延时为 14.3 ~ 14.8 s 的 RBC 边界专用的长延时接收器。

一、长延时接收器应用

长延时应用接收器应用于正向移交 RBC 的最后一个区段。由于 RBC 边界区段的接收器并用区段可能为非 RBC 边界区段，应使用正常延时接收器，造成长延时接收器故障后并用接收器无法完成长延时作用，因此，需将互并接收器同步更换为长延时接收器。

根据“电务调度命令”第 1538 号（2015 年 7 月 6 日）要求：为解决单套长延时接收器无冗余，可用性低的问题，将并机接收器同步更换为长延时接收器。

对于符合下列前提条件要求的 RBC 边界区段可采用长延时接收器，其并机所在区段如满足下列要求可同时采用长延时接收器，以满足接收器的双机并联冗工作方式。

(1)所在区段及并机所在区段均不是站内区段;

(2)所在区段及并机所在区段的相邻闭塞分区长度满足大于列车以线路最高运行速度运行大于 12 s 的距离要求。

二、RBC 边界区段柜内位置设置要求

为满足长延时接收器成对运用条件,RBC 边界区段划分时,宜将区段设置在移频柜内同一槽道的互并区段位置,使长延时接收器得到互并运用。

第十九节　其他设计要求

(1)继电编码轨道电路区段改造为通信编码轨道电路区段时,应按轨道电路型号配置设备。原位更换补偿电容时,宜按要求重新布置间距。

(2)普速线路轨道电路区段改造为高速线路轨道电路区段时,应根据普速线路轨道电路工作条件确定道砟电阻值范围,并根据最低道砟电阻值情况确定改造后的区段长度。

(3)遇设计变更等造成的补偿电容非等间距布置时,应缩短轨道电路长度。

(4)ZPW-2000A 型轨道电路应用在半自动闭塞接近区段时,在轨道电路与非轨道电路结合处的调谐区应设置为完整电气绝缘节,不得采用简易调谐区。

(5)在通信编码和继电编码混合设计的车站(包含中继站和线路所)宜设置一台轨道电路监测维护机。

(6)在接触网支柱设置信号标志牌时,应考虑接触网支柱位置对轨道电路区段长度的影响,轨道电路区段的工程设计长度应适度

缩短。

(7)其他设备或装置与钢轨相连时,应进行绝缘处理。

(8)电缆通道不得对地安装任何元器件。

(9)室外信号电缆与室内配线线缆不应在室内并行放置。

(10)CAN 通信总线上不应并联其他负载。

(11)贯通地线及其接头应与信号电缆隔离。

(12)与调谐区相连的钢轨引接线不得使用金属管防护。

(13)站内股道区段的分割点需充分考虑停车标位置,确保短编组车辆接入股道区段后最末端轮远离分割点绝缘节位置。

(14)轨道电路送、受端方向应与方向继电器方向、列控中心方向相同,避免影响轨道电路监测正常工作。

(15)调车进路时,轨道电路发送端位置应在列车运行前方。

(16)轨道电路区段与电码化区段相邻时,应考虑邻线干扰防护。

(17)半自动区间内的回流点应在双轨条平衡点处进行连接。

第二篇

工程施工

第三章　轨道电路长度测量及设备定位

第一节　轨道电路长度测量

根据设计图提供的轨道电路区段长度，以进站口机械绝缘节为起始点，采用激光仪或测距车，沿线路上行或下行方向的同一根钢轨进行测量，返回按另一钢轨测量，因为弯道原因取其平均值确定区段长度是否符合要求。

一、测量方法

1. 测量准备

（1）设计蓝图。

（2）参考建设单位提供的 CPⅢ数据。

（3）测量工具：

①钢轨未铺设时，可采用激光测试仪、皮尺测量；

②钢轨已铺设时，可采用测距车测量，也可采用激光测试仪、皮尺；

③现场用于标识的工具。

2. 区间轨道电路长度人工测量

（1）轨道电路一端为机械绝缘，另一端为电气绝缘时测量，如图 3-1 中 001G 所示。

①在测量起始点（如进站信号机机械绝缘节）处，做好标记。

②根据设计图给定的长度（以下简称为“设计长度”），由起始点向区间测量至空芯线圈（XKD）处。

③核对 CPⅢ数据坐标，并做好标记。

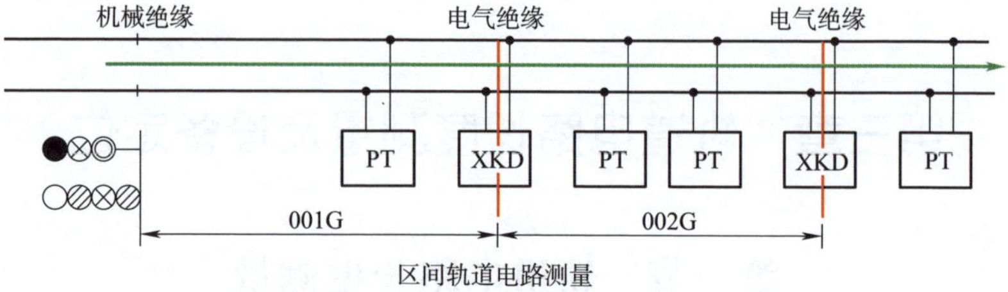

图 3-1　轨道电路长度测量示意图

(2)轨道电路两端均为电气绝缘时测量,如图 3-1 中 002G 所示。

①根据设计长度,在 001G/002G 调谐区的空芯线圈(SVA)处开始为起点,向另一端 002G/003G 测量,至空芯线圈(SVA)处。

②核对 CPⅢ数据坐标,并做好标记。

③其他区段,依此测量。

(3)轨道电路两端均为机械绝缘时的测量。

根据设计长度,以相邻两机械绝缘节为始点和终点,采用激光仪或测距车,沿线路上行或下行方向的同一根钢轨进行测量,并做好标记。

二、区间轨道电路长度综合测试记录仪测量

综合测试记录仪是集长度测量,设备定点,频率、功能测试为一体的测量仪器,既可进行独立测量,记录各种长度、地点等相关数据,又可根据设计长度预置到测试记录仪内,根据预置数据判断设备安装(包括轨道电路的各种设备、补偿电容、应答器、扼流变压器等轨旁设备)点位置测量。

(1)将设计长度、调谐区长度,调谐区的发送端、接收端、空芯线圈等信息,预置到测距车测试表内。

(2)根据预置长度,在经过的钢轨上直接读取相关设备地点确

定安装地点。

(3)核对 CPⅢ数据坐标,并做好标记。

三、测量中应注意的事项

由于现场情况实际状况可能存在与设计图纸较大差距的现象,在测量过程中应结合图纸,并根据实际测试结果做出调整建议,报设计单位确认、调整。

1. 现场调查

(1)调谐区是否跨越不同线路类型;

(2)调谐区是否在钢轨伸缩调节器范围内;

(3)调谐区是否在分相区内;

(4)轨道电路和调谐区内是否有护轮轨;

(5)调谐区是否跨越桥梁伸缩缝;

(6)轨道电路发送端与标志牌(接触网支柱)的距离是否符合安装要求;

(7)区段线路有无长短链。

2. 处理方法

根据实际测量情况,与设计长度进行对比分析,做出标识及调整建议方案,报设计调整确认。

四、测量方法的对比

1. 人工测量的优缺点

(1)缺点:用人较多,疲劳度高,人为因素造成的误差较大。

(2)优点:传统测量方法,技术要求低,一般人员可操作。

2. 综合测试仪测量的优缺点

(1)优点:用人较少,疲劳度低,人为因素造成的误差小。

(2)缺点:技术要求高,需要技术人员数据输入。

随着列控数据大量应用，其准确度要求很严格，综合测试仪测试准确度明显高于人工测量。

第二节　轨道电路设备定位

一、区间轨道电路设备定位

(1)通信编码 ZPW-2000A · T 型轨道电路(图 3-2)中：

①有砟路基及隧道 $L_{调}=29$ m，混凝土桥梁 $L_{调}=30$ m。

②无砟路基及隧道 $L_{调}=29$ m，混凝土桥梁 $L_{调}=32$ m。

③钢结构桥梁 $L_{调}$ 经实际测量后确定。

(2)继电编码 ZPW-2000 · J 型轨道电路中 $L_{调}=29$ m。

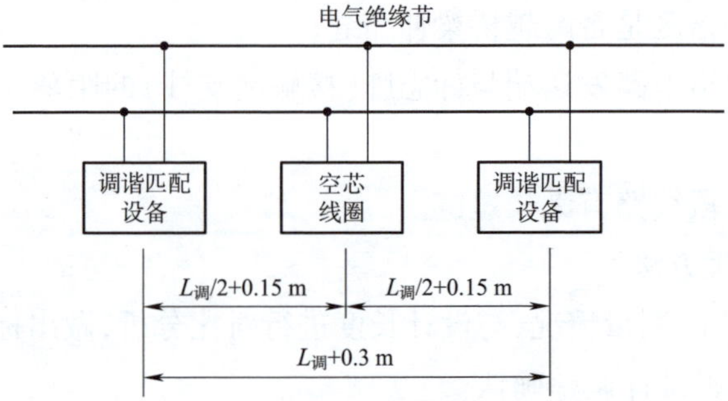

$L_{调}$—不同地形的调谐区基本长度。

图 3-2　电气绝缘节长度示意图

二、站内轨道电路设备定位

(1)两端均为机械绝缘，一体化轨道电路机械绝缘节一侧为扼流适配变压器、站内匹配变压器或区间调谐设备时，机械绝缘节设备安装如图 3-3 所示。

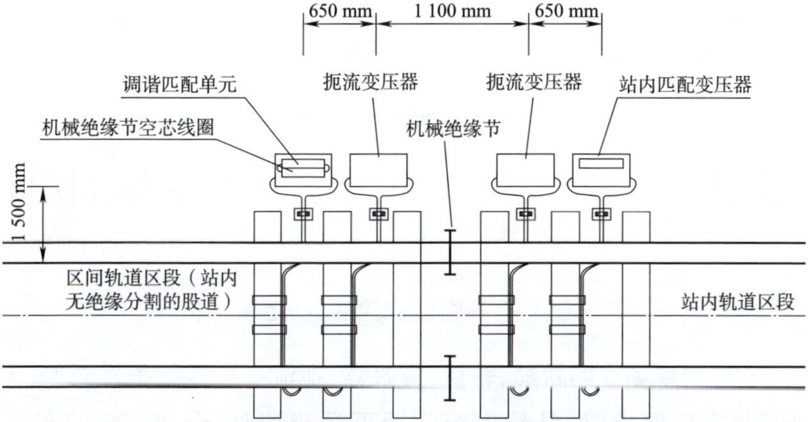

图 3-3　机械绝缘节设备安装示意图

(2)设备位置测量及确定:

①根据设计长度,测定线路实际长度。

②以一端绝缘节为起点,向相邻的另一端测量至绝缘节。

③确定设备位置,并做好标识。

三、补偿电容位置确定

补偿电容应等间距安装,允许公差 ±0.5 m;两端第一个补偿电容距调谐单元或机械绝缘节距离为半间距 $\Delta/2$,允许公差 ±0.25 m。

1. 补偿电容位置计算

(1)补偿电容数量以设计为准,补偿电容安装位置如图 3-4 所示。补偿电容实际布设间距公式:

$$\Delta=\frac{\text{补偿区域长度}}{\text{补偿电容数量 }N}(\mathrm{m})$$

式中　　Δ——补偿电容等间距长度;

补偿区域长度——轨道电路两端调谐单元间的距离;

N——电容的数量。

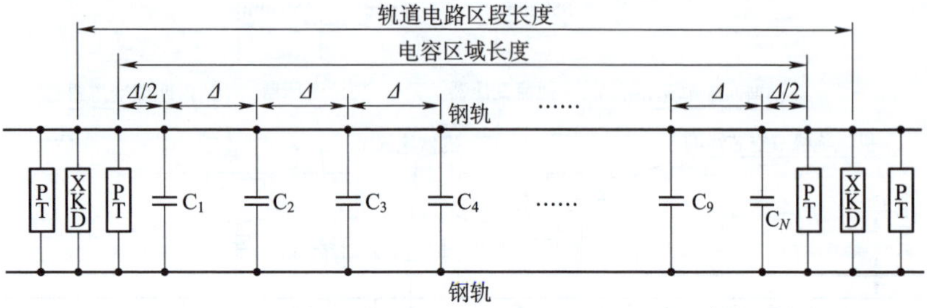

图 3-4　补偿电容安装位置示意图

(2)受现场线路轨缝、轨枕、应答器、扼流变压器等条件限制,不能满足安装要求时,补偿电容间距可适当调整,全间距允许偏差 ±0.5 m,半间距允许偏差 ±0.25 m。

(3)道岔区段遇有道岔心轨补偿电容无法布设时,可适当调整间距,允许误差为 ±10.0 m。

2. 电容距离计算举例

某一无砟线路采用 ZPW-2000A · T 型轨道电路,长度为 749 m,频率为 2 600 Hz,一端调谐区为无砟路基线路,另一端调谐区为混凝土桥梁线路,电容设计数量为 9 个,电容布设如下:

(1)先求出电容区域长度 = 轨道电路长度 - 两端调谐区/2 之和(即一端调谐区长度 ÷2 + 另一端调谐区长度 ÷2)。

$$补偿区域长度 = 749 - (29 \div 2 + 32 \div 2) = 718.5\ \text{m}$$

(2)设计电容数量为 9 个,那么电容间隔为 9 个(电容数量 $N=9$)。

$$电容间距\ \Delta = 718.5\ \text{m} \div 9 \approx 79.833(\text{m})$$

$$即半间距\ \Delta/2 = 79.833 \div 2 \approx 39.92(\text{m})$$

第四章　信号电缆线路施工

《高速铁路信号工程施工技术规程》(Q/CR 9607—2015)、《客货共线铁路信号工程施工技术规程》(Q/CR 9656—2017)、《高速铁路信号工程施工质量验收标准》(TB 10756—2018)、《铁路信号工程施工质量验收标准》(TB 10419—2018)等对电缆信号施工要求均做了详细描述,本章只讲述重点注意事项。

第一节　信号电缆敷设及防护

一、信号电缆工程施工流程

信号电缆工程施工流程如图 4-1 所示。

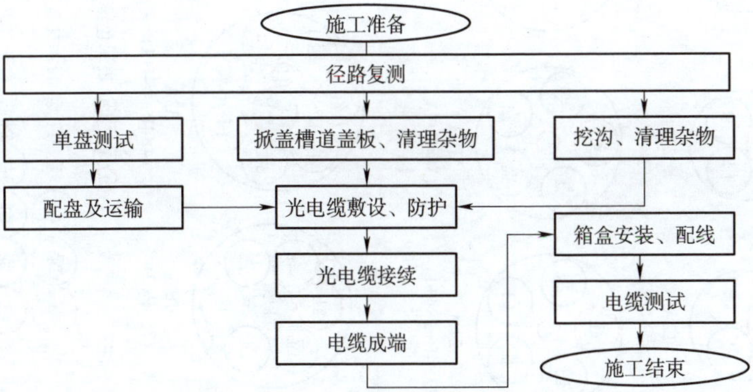

图 4-1　信号电缆施工流程图

二、电缆检测方法

(1) 数字电缆 A、B 端的确定如图 4-2 所示。

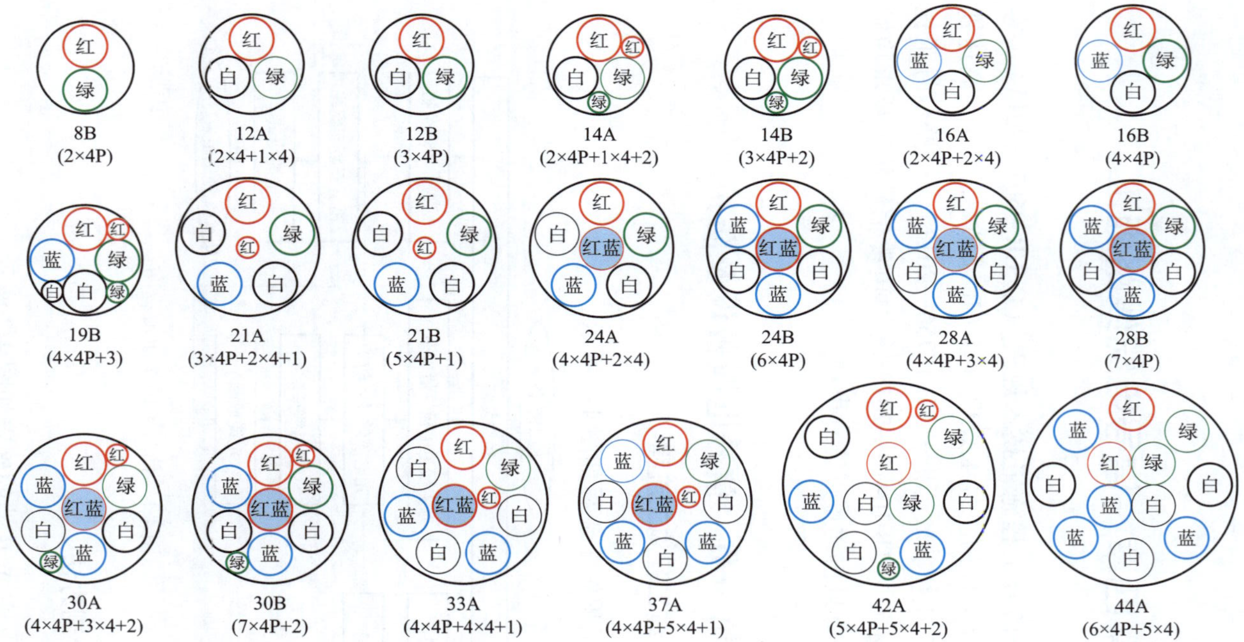

注：红 绿 蓝 白 表示色标为红、绿、蓝、白色的皮—泡—皮绝缘芯线。

红 绿 白 蓝 红蓝 表示扎丝或扎带色标为红、绿、白、蓝、红蓝色的星型四芯组。

红 绿 白 蓝 红蓝 表示扎丝或扎带色标为红、绿、白、蓝、红蓝的屏蔽星型四芯组。

图4-2　数字电缆A、B端的确定

(2)对号检查所有芯线有无断线、混线等障碍。

(3)电缆参数测试:

测试信号电缆单盘主要电气性能应符合表4-1的要求,并填写导体直流电阻、电阻不平衡、工作电容及绝缘电阻检测记录。

表4-1　电缆单盘主要电气性能

分类	项　目	单位	指标	换算公式
综合护套、铝护套信号电缆	导体直流电阻(芯线直径1.0 mm)	Ω/km	≤23	L/1 000
	绝缘电阻率(芯线间,芯线对金属护套间)	MΩ·km	≥3 000	1 000/L
铁路内屏蔽数字信号电缆	导体直流电阻(芯线直径1.0 mm)	Ω/km	22.5±1	L/1 000
	工作线对导体电阻不平衡	%	≤1	—
	绝缘电阻率(芯线间,芯线对屏蔽层及金属护套间)	MΩ·km	≥10 000	1 000/L
	工作电容(0.8~1.0 kHz)	μF/km	28±2	L/1 000
应答器数据传输电缆	导体直流电阻(芯径1.53 mm)	Ω/km	≤9.9	L/1 000
	绝缘电阻率(线间,芯线对金属护套间)	MΩ·km	≥10 000	1 000/L
	工作电容0.8~1.0 kHz	μF/km	≤42.3	L/1 000

①直流电阻测试

在测试导线直流电阻过程中,当周围环境温度变化较大时,须考虑环境温度的变化,将测试值换算成20 ℃时电阻值,换算公式如下:

$$R_{20}=\frac{R_x}{1+a_{20}(t-20)}\cdot\frac{1\ 000}{L}$$

式中　R_{20}——20 ℃时每公里长度电阻值,Ω/km;

L——电缆长度,m;

t——测量时的环境温度,℃;

a_{20}——电阻温度系数,1/℃(0.003 93);

R_x——实测电阻值,Ω。

将屏蔽四线组待测芯线的两端分别连接到直流电桥的测试端子上，测量电阻值，如图 4-3 所示，填写测试记录。全部内屏蔽组的芯线测试完成后，用粉笔在电缆盘上标写“直流电阻”的字样，以表示该单盘电缆的直流电阻测试完毕。

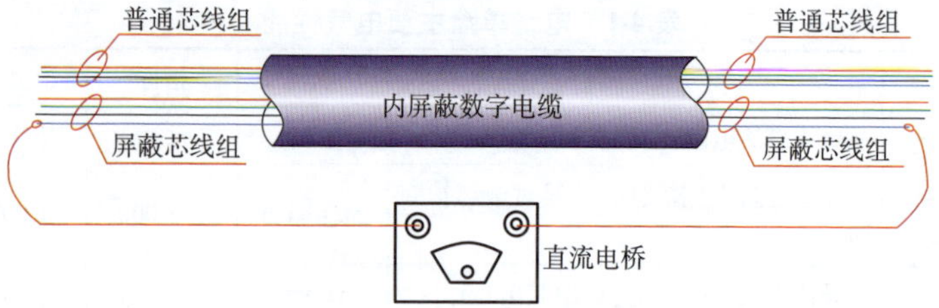

图 4-3 电缆直流电阻测试方法示意图

②工作线对导体电阻不平衡计算

在一个屏蔽四线组内分为红、白芯线为 1 个工作线对，蓝、绿芯线为 1 个工作线对。

工作线对导体电阻不平衡的定义为工作线对两根导体的电阻之差与其电阻之和的比值。

$$\text{工作线对导体不平衡电阻} = \frac{R_{20}(\text{H}) - R_{20}(\text{B})}{R_{20}(\text{H}) + R_{20}(\text{B})}$$

式中 $R_{20}(\text{H})$——20 ℃时红线直流电阻；

$R_{20}(\text{B})$——20 ℃时白线直流电阻。

③绝缘电阻测试

测量绝缘电阻的仪表一般有兆欧表（摇表）、高阻计等，高阻计具有较宽的测试范围，在单盘电缆测试中一般采用高阻计测量绝缘电阻，如图 4-4 所示。

a. 首先将电缆盘外端电缆的所有芯线、钢带、铝护套、内屏蔽层及排流线用一端带有鳄鱼夹的导线连接，连接后接到高阻计测试端。然后从连接后的电缆芯线中任意取出一根与高阻计的另一个测试端连接。

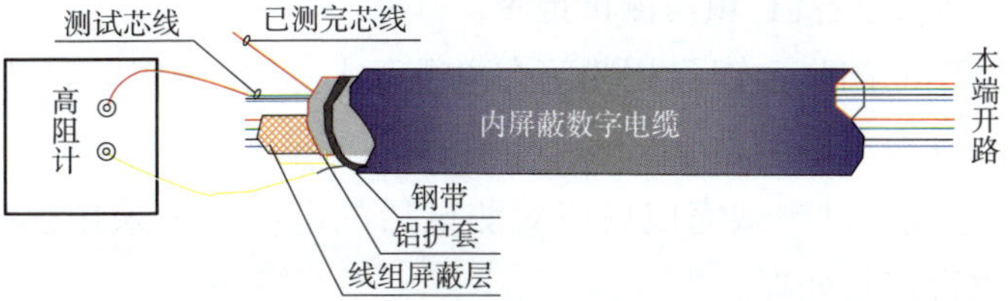

图 4-4　电缆绝缘电阻测试方法示意图

b. 将电缆盘内端电缆的芯线全部开路。

c. 进行单根芯线对其他芯线及金属护层的绝缘电阻测试。

d. 将测试完的单根芯线与未测试芯线分开，依次测量。

e. 全部芯线测试完后，填写测试记录。

f. 所有芯线全部测试完成后，用粉笔在电缆盘上标写“绝缘电阻”的字样，以表示该单盘电缆的绝缘电阻测试完毕。

④工作电容测试

用电容测试仪进行线间工作电容测试，如图 4-5 所示。

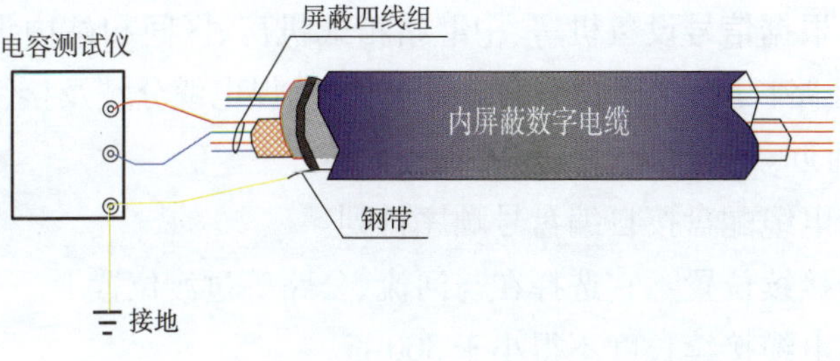

图 4-5　电缆线间工作电容测试方法示意图

a. 将电缆盘内端电缆的芯线全部开路。

b. 将电缆盘外端电缆的钢带、铝护套、全部屏蔽层及排流线用一端带有鳄鱼夹的导线连接，连接后接到测试仪表的接地端。

c. 将电缆外端头任意一组内屏蔽四线组的红、白线对或蓝、绿线对连接到电容测试仪的测试端子上。

d. 测试电容值、填写测试记录。

e. 测试全部完成后,用粉笔在电缆盘上标写“工作电容已测试”的字样,以表示该单盘电缆的工作电容已测试完毕。

f. 电缆单盘测试完成后应对测试后的电缆端头采用热缩端帽封端,进行密封处理。

三、电缆径路复测

电缆径路复测应按施工设计图进行,复测内容主要包括:

(1)电缆总长度(包括各种余留长度);

(2)线路电缆槽道贯通情况;

(3)设备安装位置;

(4)直埋线路径路情况、地下管线状况;

(5)穿越轨道、桥梁、隧道、河流及有关建筑等需要防护的处所。

四、电缆配盘

(1)根据信号设备机房、中继站箱式机房、区间和站内设备位置里程和径路长度,选择合适的电缆盘长,确保电缆分歧及接续点在相关设备附近。

(2)电缆配盘按自编盘号顺序排列。

(3)接续位置不宜选择在与河流、公路等过渡位置上。

(4)电缆接续长度不得小于 300 m。

(5)先配主干电缆,再配支线电缆。

五、电缆运输

(1)运输前应做好线路调查,详细了解进入每个屯放点的路径及路况,保证运输过程中的道路交通安全。

(2)宜采用长途直达运输,将电缆直接从生产地运抵现场屯放点。

(3)出库前,应对包装情况进行检查;不符合运输要求时,应进行处理。

(4)敷设前,按配盘顺序将电缆从屯放点运送到敷设点或离敷设点最近的位置。

(5)电缆装卸作业时,宜使用机械装卸。严禁将电缆从车上直接推落到地面。

(6)滚动移动缆盘时,应分清盘绕(箭头)方向;当移动距离较长时,宜使用运输工具。

六、BIM 策划

电缆施工不仅仅限于轨道电路,还有信号机、道岔、应答器、道岔融雪、异物侵限及自然灾害监测等,基本属于同时施工。通常情况下中间站区间无信号机时电缆有 12 条(发送 4 条、接收 4 条、应答器 4 条),有信号机时电缆为 16 条,电缆相对较少。车站站内考虑多股道的各种道岔、信号机、轨道电路、应答器、道岔融雪装置,还要考虑所属区间的电缆。电缆数量多,大型车站甚至多达 200 条。最近几年 BIM 技术发展较快,通过 BIM 技术可有效实现与其他专业管道、线缆、设备的碰撞,所以铁路施工引进了 BIM 技术,本专业间为避免电缆的交叉,可在电缆敷设前进行提前策划。

BIM 策划电缆布设的原则:

(1)单层(电缆较少)布设,按远外(距线路远)、近内(距线路近)策划。

(2)多层(电缆较多)布设,按远下(与机械室距离远)、短上(与机械室距离近)布设。

上层布设按远外(距线路远)、近内(距线路近)策划;利用 BIM 技术可有效实现避免交叉,但其投入也较高。如计算机运行速度、软件配置、内存等要求较高；BIM 策划人员配置需要进行 BIM 技术专业培训、需要有丰富现场经验的技术人员等。BIM 技术是一项庞大的系统工程,工程建设应从源头抓起。

为了工程得到有效利用,应从设计阶段源头开始建立,各单位根据实际情况进行补充、运用。电缆布设示意如图 4-6 所示。

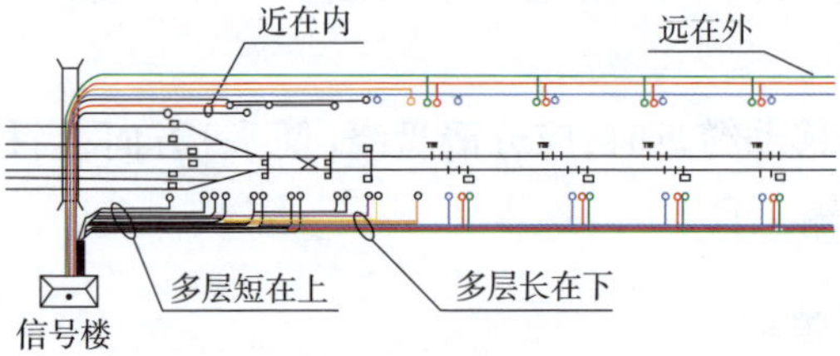

图 4-6 电缆布设示意图

七、电缆敷设、防护、接续及引入

1. 电缆敷设

(1)电缆规格型号、敷设方式、物理路径应符合设计文件要求,以及《铁路信号设计规范》(TB 10007—2017)有关标准的规定。直埋电缆按有关规定留存影像资料。

(2)电缆应按 A、B 端依次顺序敷设。

在没有站间联系电缆的区段,敷设时一般引入室内侧为 B 端,室外设备侧 A 端,确保顺序连接的电缆按 A、B 端相接。

(3)同槽敷设多条电缆时,应互不交叉;槽道盖板应齐全、完整、稳固。

2. 电缆防护

(1)直埋电缆防护

①直埋电缆的埋设深度应符合表 4-2 规定。

表 4-2 直埋电缆最小埋深

敷设地段	最小埋深(m)	说　明
区间	1.2	普通土质、硬土质及软石地质条件
站内	0.7	普通土质、硬土质及软石地质条件
石质	0.5	次坚石、坚石地质条件
水田	1.4	—
穿越公路(距路面基底)	1.2	—
穿越沟、渠	1.2	—
市区人行道	1.0	—

②当电缆同沟敷设时,应符合最大深度要求。

③直埋电缆应采用软土防护,厚度不小于 100 mm。

④路肩直埋电缆与线路的距离:

a. 在线路外侧时距最近钢轨轨底边缘水平距离不得小于 2 m,路肩宽度不够时不得小于 1.7 m;

b. 在线路中间时,水平距离不得小于 1.6 m;当线间距为 4.5 m 时,不得小于 1.5 m。

⑤平行于公路的直埋电缆距公路面、排水沟边沿水平距离不得小于 1 m。

⑥直埋电缆与其他建筑设施间距应符合表 4-3 的规定。

表 4-3 直埋光(电)缆与其他建筑设施间的最小净距

名　称	平行时(m)	交越时(m)
通信管道边线(不包括人手孔)	0.75	0.25
非同沟的直埋通信光电缆	0.5	0.25
埋式电力电缆(交流 35 kV 以下)	0.5	0.5
埋式电力电缆(交流 35 kV 及以上)	2.0	0.5
给水管(管径小于 300 mm)	0.5	0.5
给水管(管径 300 ~ 500 mm)	1.0	0.5

续上表

名　称	平行时(m)	交越时(m)
给水管(管径大于 500 mm)	1.5	0.5
高压石油、天然气管	10	0.5
热力、排水管	1.0	0.5
燃气管(压力小于 300 kPa)	1.0	0.5
燃气管(压力 300 kPa 及以上)	2.0	0.5
其他通信线路	0.5	—
排水沟	0.8	0.5
房屋建筑红线或基础	1.0	—
树木(市内、村镇大树、果树、行道树)	0.75	—
树木(市外大树)	2.0	—
水井、坟墓	3.0	—
粪坑、积肥池、沼气池、氨水池等	3.0	—
架空杆路及拉线	1.5	—

⑦电缆与强电电缆间距不符合要求时，应采用以下防护措施：

电缆采用防护槽防护时，盖顶面距地面距离宜为 200 ~ 300 mm；埋设在路肩上时，应填平夯实，保证路肩完整。

(2)无砟轨道路基地段防护

①防护管、槽顶面低于路基保护层平面不小于 80 mm；

②保护层按原方式(混凝土、沥青)恢复。

(3)桥梁地段防护

①当桥梁接缝处未设伸缩装置时，应增加电缆槽防护；防护槽应采取与原电缆槽道单边固定等防窜动措施；

②外露电缆应采用套管防护，电缆引入处槽盖板应封堵；

③电缆沿桥墩采用热镀锌防护钢槽引下时，钢槽厚度不应小于 2 mm；桥梁与桥墩钢槽的连接处间隙为 5 ~ 10 mm；两梁间过渡钢槽连接处活动搭接长度不小于 50 mm；钢槽弯曲半径应符合电缆弯曲

半径的要求；钢槽及电缆应分段固定，固定间距不应大于1 500 mm；钢槽下端应埋设在地面以下并固定，深度不应小于500 mm；地面以上的钢槽外部应采用砌砖防护，砌砖高度不应少于2 000 mm。

(4)隧道区段连接设备的外露电缆应采用防护套管进行防护，电缆槽引入孔应封堵。

(5)穿越轨道防护：

①防护管、防护槽上沿距路基顶面不小于200 mm；

②防护管、防护槽两端超出轨枕外沿不小于500 mm；

③防护管口两端应封堵。

(6)穿越公路、道口、水沟防护：

①防护管埋设深度应与两侧电缆沟底相平；

②防护管、防护槽两端露出公路、道口、水沟边缘不小于500 mm；

③防护管口两端应封堵。

(7)直埋电缆接头盒的埋深应与直埋电缆要求相同，接头盒埋于地下时可采用防护槽或水泥盖板防护，防护长度不小于1 000 mm。

(8)电缆采用钢管及槽等防护时，防护管口两端应封堵，严寒地区防护钢管还应采取防进水措施。

(9)电缆在管道中穿放时，管道内径不得小于电缆外径的1.5倍。

(10)《高速铁路信号工程施工质量验收标准》对电缆隐蔽工程验收的规定：正常情况下直线段每100 m检验1次，转弯、穿/跨越处全部检验，观察、检测，隐蔽部位检验按规定留存影像资料。

八、电缆接续

(1)电缆接续时芯线应线位正确、线序对应、无交叉、连接牢固、扭绞均匀。

(2)穿越铁路、公路及道口时，在距铁路钢轨、公路和道口的边缘2 m范围内不得接续。

(3)距地下热力、煤气及燃料管道 2 m 范围内不得接续。

(4)接头应水平,接头两端各 300 mm 内不应弯曲。

(5)A 端与 B 端相接,相同的芯组内颜色相同的芯线相接。

(6)接续后应进行芯线导通和芯线对地、芯线间绝缘电阻检测。

(7)备用芯线应全部连通,电缆铠装、金属护套、内屏蔽层应进行屏蔽连接。

(8)长度不大于 300 m 的电缆不得接续,长度不大于 1 km 的电缆不得多于 2 次接续,接续位置距离所接入的箱盒不得小于 30 m。

(9)同径路的两根电缆接续位置间距不应小于 1 m。

(10)接头盒体应安装牢固、密封良好;电缆地下接续采用免维护接续盒时,接续盒冷封胶灌注应饱满、密实,胶体无溢出。

九、电缆引入

(1)电缆引入室内时,应固牢固整齐。

(2)室内电缆引入孔应采用阻燃材料封堵严密。

(3)轨道电路用数字电缆和应答器电缆严禁盘成闭合圈。

(4)电缆转弯及余留量的布放应均匀圆滑、整齐美观,不得有硬弯或背扣现象,并符合电缆弯曲半径的要求。

(5)电缆井内的电缆可采用电缆托架分层固定,两端电缆宜分开。

(6)电缆间可采用电缆盘架分层固定。

(7)楼层间电缆应分段固定在爬架上,固定间距不宜大于 1.5 m。

十、电缆弯曲半径

(1)信号电缆弯曲半径应符合表 4-4 的规定。

表 4-4　信号电缆最小弯曲半径

电缆类型	电缆型号	允许弯曲半径
非数字： 综合护套、铝护套信号电缆	PTYA PTYL	15D
数字电缆： 塑料护套电缆、综合护套电缆、铝护套信号电缆	SPTYW03、SPTY23、SPTYWA23、SPTYML23	15D
数字电缆： 内屏蔽数字电缆、应答器数据传输电缆	SPTYWP03、SPTYWP23、SPTYWPA23、SPTYWPL23、LEU · BSYL23、LEU · BSYA23	20D
铜线编织屏蔽应答器数据传输电缆（尾缆）	LEU、BSYYP	10D

注：D 为电缆外径。

（2）多根电缆同沟（槽）敷设时，应按最大弯曲半径敷设。

十一、电缆敷设后的绝缘测试

由于施工现场环境复杂，很可能交叉施工等因素造成电缆损伤，因此要求在电缆敷设、防护结束后，为保证电气特性，应对电缆做敷设后的绝缘测试。

（1）测试人员携带电台及测试工具、材料分别到达电缆的始、终端。

（2）通过电台联系并根据电缆铭牌确定测试电缆。

（3）具体操作及电缆封端见单盘电缆测试部分，测试时仪表的接地端子直接接地。

第二节　箱盒安装、配线、接地

一、电缆盒安装

箱盒安装主要分为路基、桥梁、隧道地段。综合近些年的施工经验安装分为:路基直埋方式、防护墙外侧壁方式、隧道内电缆槽外壁方式、特殊 T 型桥梁护栏方式、隧特殊道电缆槽内固定、混凝土地面固定等安装方式。

1. 路基直埋式的方向电缆盒安装

(1)根据设计文件要求,选择设备基础

一般情况下,普速线路可采用混凝土基础,高速铁路选用金属支架,特殊地区可采用防腐材料支架。

(2)基坑开挖及基础稳固

①基坑位置一般设在电缆槽道内侧的宽阔地点。考虑工务大机捣固原因,一般设备边缘距线路钢轨内侧最小距离不小于 1 500 mm。

②基坑开挖边缘应大于设备金属支架边缘 50 mm。

③金属支架基础埋深不应小于 500 mm。

④基坑下部用原土回填并夯实,回填深度至路基面以下 150 mm,然后用混凝土灌注至与路基面相平。路基面以上采用砖砌混凝土围台,围台顶面低于基础顶面 150 mm ± 50 mm,围台周边比基坑周边宽不小于 50 mm。在围台混凝土内的电缆应采用橡胶管防护,基坑回填及电缆防护。

(3)方向电缆盒(以下简称方向盒)安装

①方向盒与金属支架采用 M16 螺栓连接;

②连接螺栓采用垫圈、弹簧垫、双螺母(其中外部为防松螺母)固定;

③螺栓露出螺母的丝扣应不小于 5 mm。

无砟路基地段直埋式方向盒安装如图 4-7 所示,有砟路基地段直埋式方向盒安装如图 4-8 所示。

2. 防护墙外侧壁方向电缆盒安装

(1)方向盒支架安装

①方向盒支架处应采用 20 mm 水钻钻孔,两个金属支架间不得

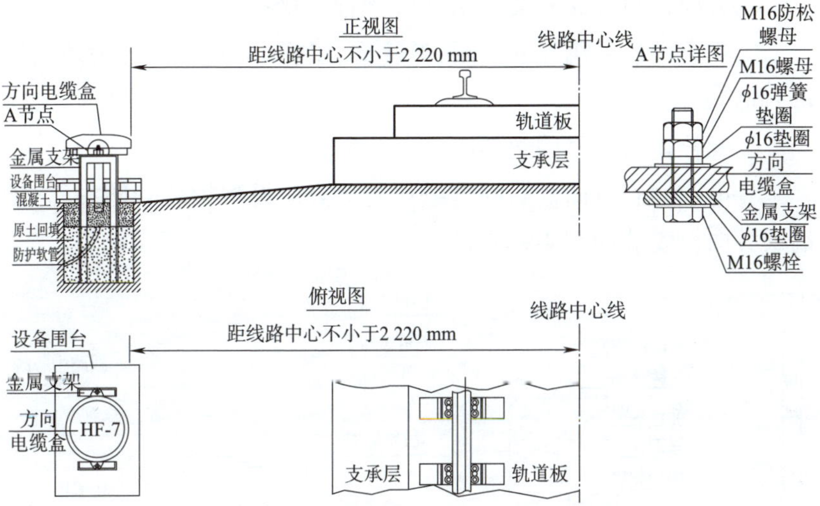

图 4-7　无砟路基地段方向盒安装示意图

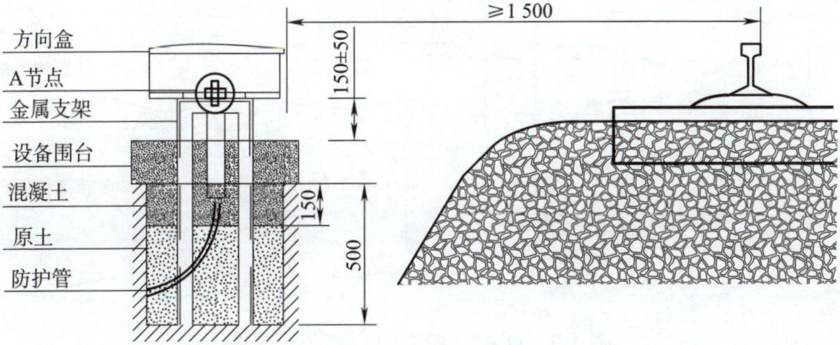

图 4-8　有砟路基地段方向盒安装示意图(单位:mm)

跨越桥梁伸缩缝;

②金属基础支架应采用 M16 通透式防松螺栓固定在防护墙外侧壁上,注意通透螺栓长度配置与防护墙(挡砟墙)壁厚度相对应;

③开口销下部对称劈开角度为 60°～90°。

(2)方向盒安装

①方向盒与金属支架采用 M16 螺栓连接；

②连接螺栓采用加强垫圈、弹簧垫、双螺母(其中外部为防松螺母)固定；

③螺栓露出螺母的丝扣应不小于 5 mm；

④电缆槽到方向盒间的电缆裸露部分应设防护软管防护，防护墙壁方向盒安装如图 4-9 所示。

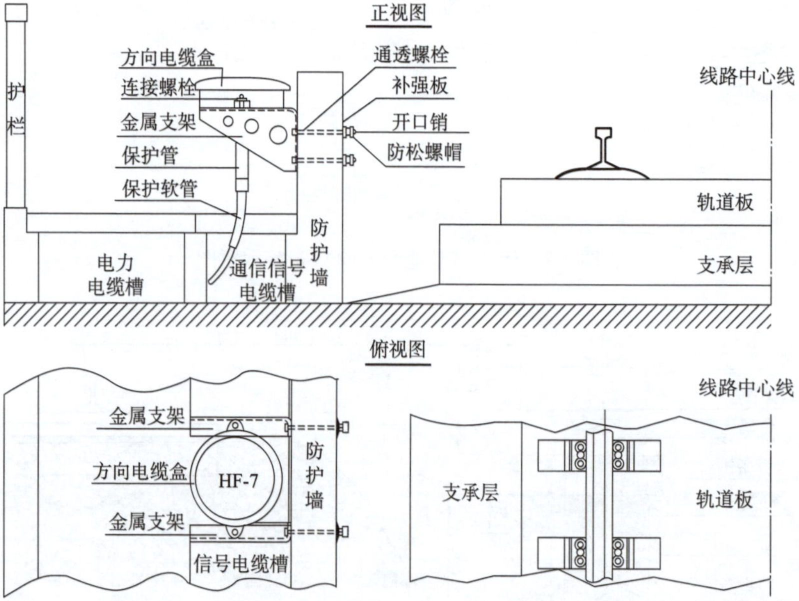

图 4-9　防护墙壁方向盒安装示意图

3. 隧道内电缆槽外壁方向盒安装

(1)金属支架安装

①无砟地段及石砟不影响方向盒安装时，方向盒应安装在电缆槽外侧壁上，方向盒可采用壁挂式电缆侧面引入方式；

②在距方向盒 1 ~ 2 m 的电缆引入处，应采用 150 mm 水钻钻孔；方向盒支架处应采用 20 mm 水钻钻孔；

③方向盒处采金属支架应采用 M16 通透式防松螺栓固定在电缆槽侧壁上;开口销下部对称劈开角度为60°~90°,通透螺栓长度配置与电缆槽壁厚度相对应。

(2)方向盒安装

①方向盒与金属支架采用 M16 螺栓连接;

②连接螺栓采用垫圈、弹簧垫、双螺母(其中外部为防松螺母)固定;

③螺栓露出螺母的丝扣应不小于 5 mm;

④电缆槽侧壁到方向盒间的电缆裸露部分应设防护管防护。

隧道内电缆槽侧壁方向盒安装如图 4-10 所示。

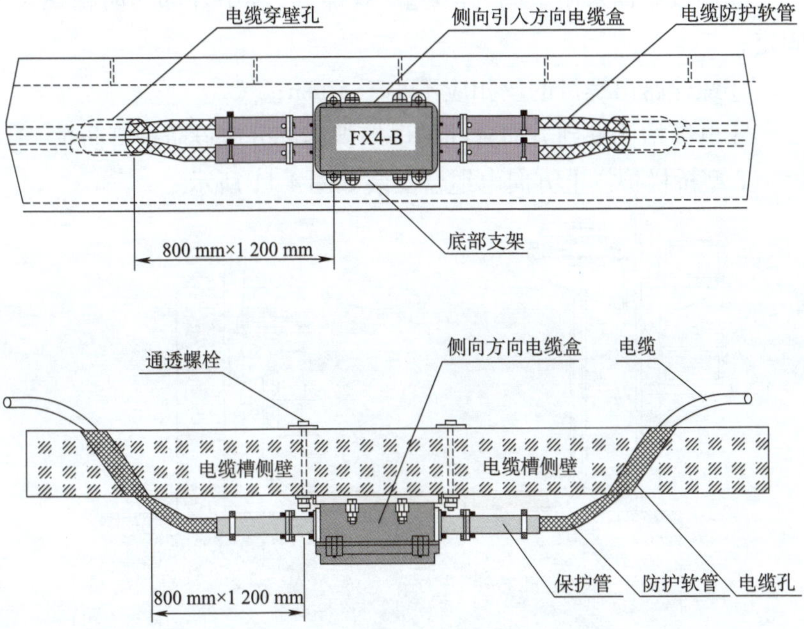

图 4-10　隧道电缆槽侧壁方向盒安装示意图

4. 特殊 T 型桥梁护栏上方向电缆盒安装

当电缆槽设于 T 型桥护栏外侧,无挡砟墙或挡砟墙较低时,方向电缆盒可装设在护栏上。

（1）金属支架安装

①纵向横担采用热镀锌或防腐金属槽钢；

②保护 T 型桥梁的镀锌层，金属槽钢与护栏间采用抱箍方式连接；

③金属支架采用 M16 螺栓与金属槽钢连接；

④连接螺栓采用垫圈、弹簧垫、双螺母（其中外部为防松螺母）固定，螺栓露出螺母的丝扣应不小于 5 mm。

（2）方向盒安装

①方向盒与金属支架采用 M16 螺栓连接；

②连接螺栓采用垫圈、弹簧垫、双螺母（其中外部为防松螺母）固定；

③螺栓露出螺母的丝扣应不小于 5 mm；

④电缆槽侧壁到方向盒间的电缆裸露部分应设防护管防护。

T 型桥栏护栏上方向电缆盒安装如图 4-11 所示。

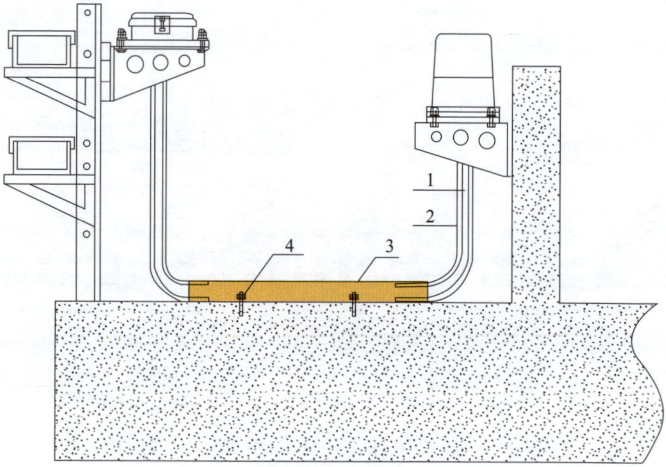

图 4-11　T 型桥栏护栏方向盒安装示意图

1—电缆或地线；2—钢丝软管；3—高强 SMC 防护槽；4—化学锚栓（M8 × 70）

5. 有砟地段隧道电缆槽内方向电缆盒安装

(1)有砟地段的石砟较高,方向盒不能安装在电缆槽侧壁时,方向盒方可安装在电缆槽内。

(2)立架高度应符合电缆弯曲半径要求。

(3)金属支架一侧立架采用化学锚栓与电缆槽底固定,另一侧立架采用通透螺栓与电缆槽壁固定。

(4)底部注意避让贯通地线。

(5)槽内立架采用热缩套管等措施防止伤及槽内电缆。

特殊槽内方向电缆盒安装如图 4-12 所示。

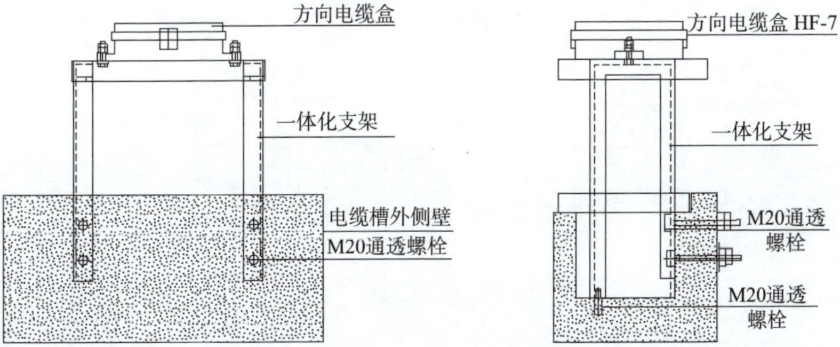

图 4-12 特殊槽内方向盒安装示意图

6. 特殊混凝土地面方向电缆盒安装

(1)在多股道的车站设于桥梁、隧道时,地面均为混凝土地面,除外侧有防护墙或电缆槽外,其中间股道既不能开挖、也无防护墙或电缆槽壁可安装设备,方向电缆盒可安装混凝土桥面、隧道混凝土地面上。

(2)设备金属支架底部采用化学锚栓与混凝土地面连接固定。

(3)金属支架周围应采用设备围台加固。

特殊混凝土地面方向电缆盒安装如图 4-13 所示。

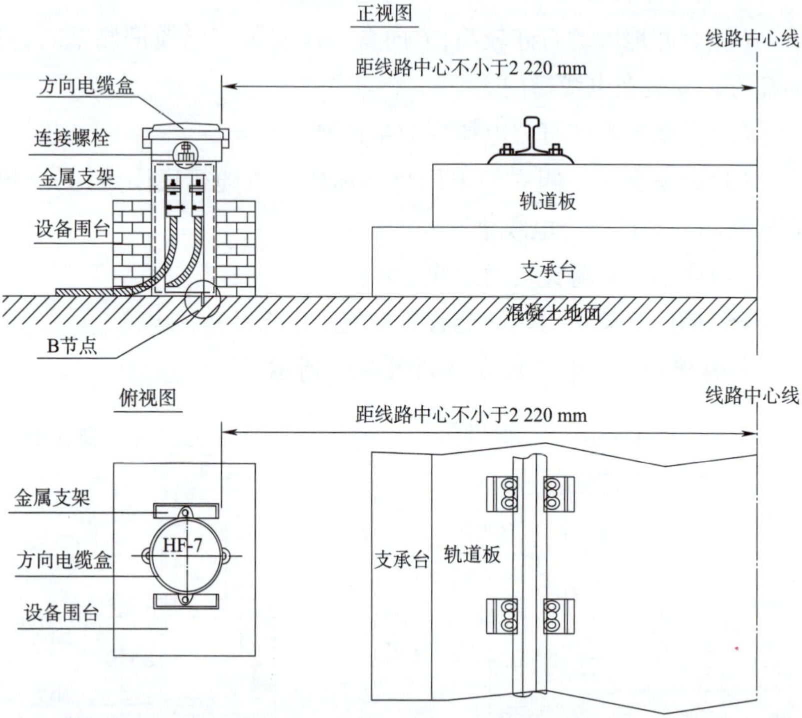

图 4-13　特殊混凝土地面方向盒安装示意图

二、箱盒的成端及接地

1. 电缆做头

(1)清洁电缆做头部分外护套。

(2)电缆穿入保护管以及密封套。

(3)芯线开剥长度按箱盒配线要求确定。

(4)环切电缆外护套,保留 10 mm 钢带,露出铝护套,注意在锯钢带时不要伤及铝护套。保留 10 mm 铝护套,露出内屏蔽层,注意在锯铝护套时不要伤及内屏蔽层及电缆芯线。

(5)剔除铝护套护层,将铝护套和钢带打毛。

(6)保留 40 mm 内屏蔽层,露出电缆芯线。

(7)除去屏蔽层端口绝缘层 25 ~ 30 mm,再剥开屏蔽层纵缝,将内衬管套入芯线后放置在芯线和屏蔽层间,随后将压接管套入屏蔽层外侧。

(8)开剥电缆时应注意保持电缆芯组的自然排序,并用电缆的编号扎纱将芯线组缠紧,避免配线时造成芯线混乱。

(9)用脱脂棉或白布带将芯线和电缆护套之间的缝隙填塞严密,防止灌胶时胶液渗漏。

2. 电缆金属护套和屏蔽层接地引出

(1)钢带及铝护套地线连接

①将钢带和铝护套分别用 U 型屏蔽连接夹固定牢固,分别引出截面积 1.5 mm^2 引接地线,如图 4-14 所示。屏蔽引出线的长度根据接地端子排的位置确定。

②每根电缆金属护套分别引出至箱盒接地端子上。

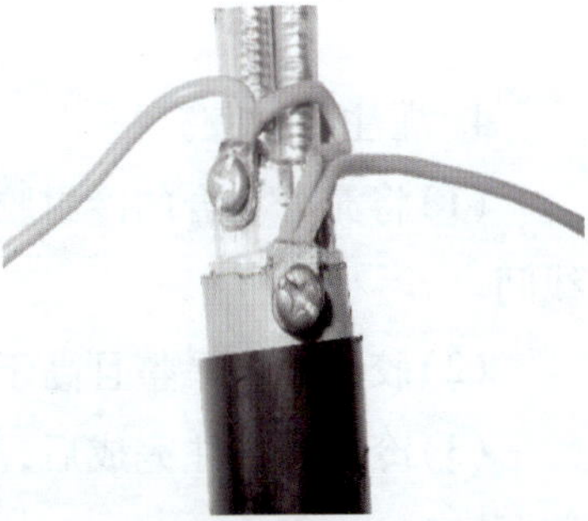

图 4-14　钢带、铝护套屏蔽连接示意图

(2)芯线组屏蔽层地线连接

①用截面积 1.5 mm^2 的扁平铜网和排流线放在屏蔽连接压接管和金属内屏蔽层之间,用专用压接钳压接后引出。

②以此类推,将屏蔽引出线与其他屏蔽四线组环连压接后,引出两根屏蔽引出线,如图 4-15 所示。屏蔽引出线的长度根据接地端子排的位置确定。

3. 电缆及地线固定

(1)接地引出工作结束后,将密封套退回到满足灌注冷封胶要求的灌胶位置。

(2)采用电缆卡箍将电缆固定在保护管与辅助保护管之间,随后将辅助保护管与箱盒固定,如图 4-16 所示。

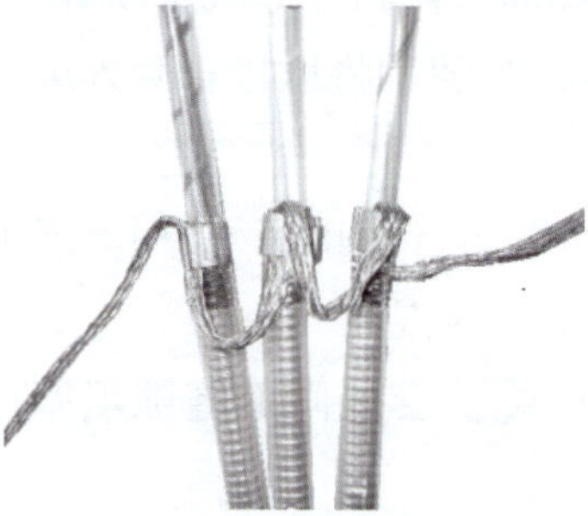

图 4-15 芯线组屏蔽层连接示意图

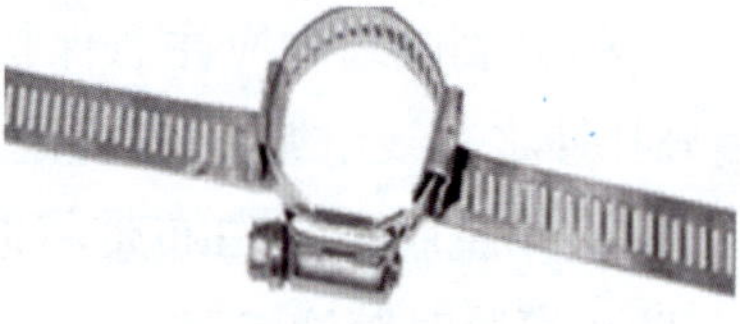

图 4-16 电缆固定卡箍外形图

4. 灌注冷封胶

(1)将充分混合的冷封胶,沿芯线侧方灌注,使冷封胶充分进入线间。

(2)胶面要求平整且高于金属内屏蔽层 20 mm 以上。

(3)冷封胶灌注完成后,灌封头在 8 h 内严禁挤压、振动等外力破坏。

(4)胶面平滑、光亮、无气泡。

5. 接地引出线的接地连接

(1)分别将每根电缆的金属护套、线组屏蔽引出线端头套入胶管或热缩管。

(2)压接截面积 2.5 mm^2、$\phi 6$ mm 的舌型接线片后与接地端子排牢固连接。

(3)方向盒内引出地线至贯通地线或综合接地的分支地线端头用 $\phi 10$ mm 的舌型接线片压接,与盒内接地端子排牢固连接。

(4)方向盒内引出地线和分支地线的截面积应符合相关标准的规定。

三、电缆配线

1. 配线工艺要求

(1)箱盒配线应安装紧固,整体美观、标识清晰、内部清洁、密封良好。

(2)芯线余留量满足维护需要。

(3)根据图纸对位端子和芯线,近端芯线放在线把内层,远端芯线放在线把外层依次相叠,线把绑扎均匀无勒痕。

(4)电缆芯线应从箱盒壁侧出线,线把距离箱盒边缘 5 ~ 10 mm。

(5)电缆芯线配线时应采用专用配线标尺控制长度,芯线弧度一致。

(6)将芯线梳理、分组、编号,在电缆成端根部增加印有电缆组别的胶管,并露在胶面上。

(7)采用柱型端子配线时,电缆芯线应采用加强线环连接。

(8)采用弹簧接线端子配线时,电缆芯线塑料层不得插入孔内接。

(9)备用芯线盘留美观。

2. 配线施工方法

(1)箱盒配线前应采用兆欧表进行绝缘测试。

(2)箱盒配线前应提前规划配线。

(3)应采用专用压接钳制作接头,控制配线质量。

(4)应采用专用标尺控制芯线弯曲弧度统一、备用线盘留。

(5)方向盒(HF-7)配线如图 4-17 所示,终端电缆盒(HZ24)配线如图 4-18 所示。

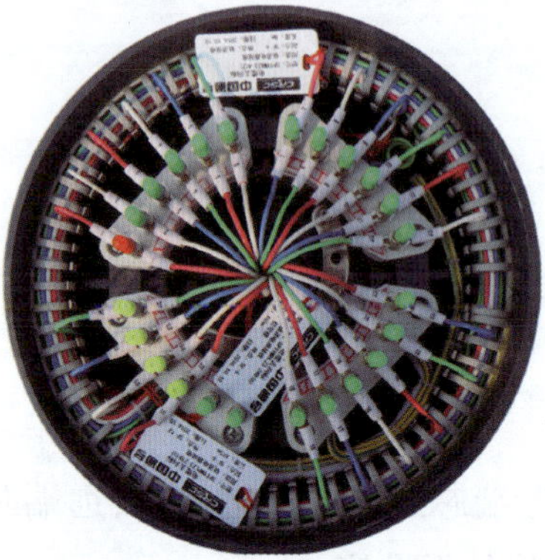

图 4-17　方向盒配线示意图

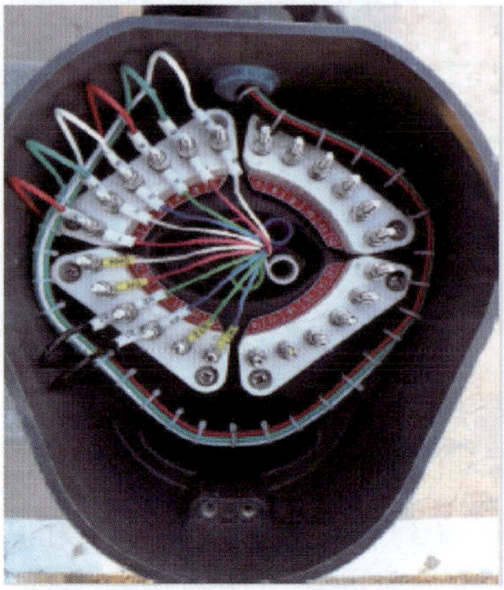

图 4-18　电缆盒配线示意图

第五章　室外轨道电路设备安装

第一节　设备安装

室外轨道电路设备主要包括轨道电路调谐匹配单元、空芯线圈、扼流变压器等室外轨旁设备。其安装方式主要有直埋固定方式、防护墙(挡砟墙)及电缆槽壁固定方式、电缆槽道内固定方式、混凝土地面固定方式。

安装方式与方向盒安装基本相同。

由于轨道电路设备距离线路较近,应注意以下事项:

(1)设备限界:高速和普速线路考虑到工务大机捣固因素,不再区分有砟和无砟线路,设备最凸出边缘与钢轨内侧边缘均不小于 1 500 mm,在线路距离限制的特殊地段可不小于 1 200 mm。

(2)设备安装高度:一般金属支架顶面高于地面 300 mm,埋设不小于 500 mm,且地面下用 150 mm 混凝土灌注。

(3)当道床高于铁路外大地较多时的石砟地段,设备底面可与钢轨底相平;在既有老线路道床较低容易造成积水的地段,设备底面可与钢轨底相平。

(4)设备安装连接螺栓采用垫圈、弹簧垫、双螺母(其中外部为防松螺母)固定。螺栓露出螺母的丝扣应不小于 5 mm。

(5)有砟地段的设备金属支架基础可参考方向盒安装方式。

(6)有砟地段地面硬化,应考虑线路排水问题。传统地面硬面化采用砖砌抹面方式,因在雨、雪天气时,维护人员极易滑倒,且外层容易脱落,所以最近陆续已上道使用有防滑透水砖方式、混凝土块拼装方式、高强复合材料安装方式等。

砖砌抹面硬化面如图 5-1 所示。

防滑透水砖设备硬化面如图 5-2 所示。

图 5-1　砖砌抹面硬化面示意图

图 5-2　防滑透水砖设备硬化面示意图

新型高强复合材料硬化面如图 5-3 所示。

图 5-3　新型高强复合材料硬化面示意图

一、设备安装限界及高度

1. 轨旁设备安装限界

(1) 区间空芯线圈、调谐单元、匹配变压器，站内扼流适配变压器、防雷匹配变压器、调谐补偿单元等轨旁设备(以下称轨旁设备)的凸出边缘距钢轨内侧边缘,考虑到工务大机捣固因素,正常情况下不小于1 500 mm。

(2)多线路距离不足的特殊地点,轨旁设备的凸出边缘距钢轨内侧边缘不小于1 200 mm。

无砟路基地段室外轨旁设备安装如图5-4所示。

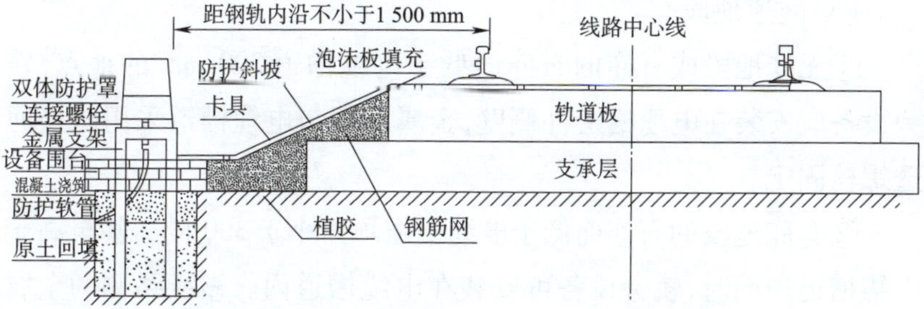

图5-4 无砟路基地段室外设备安装示意图

2. 轨旁设备安装高度

(1)路基地段

①无砟路基地段金属支架埋设深度不小于500 mm,金属支架顶面高于地面300 mm。

②有砟高路基地段金属支架顶面应与钢轨底面向平,在既有低路基地段,金属支架顶面可与钢轨顶面向平。

③有砟高路基地段金属支架顶面应与钢轨底面向平,在既有低路基地段,金属支架顶面可与钢轨顶面向平。

④站内扼流变压器顶面与ZPW-2000A型轨道电路轨旁设备防护罩顶面宜向平。

(2)桥梁地段

①轨旁设备应安装在防护墙外侧,金属支架与防护墙采用防松

通透螺栓固定。

②高型防护墙轨旁设备顶面应不高于防护墙顶面。

③矮型防护墙(挡砟墙)轨旁设备金属支架顶面可与防护墙顶面向平。

④桥梁电缆槽道高于防护墙(挡砟墙)的极特殊情况下,轨旁设备金属支架可高于防护墙顶面。

(3)隧道地段

①无砟地段或有砟的石砟面低于电缆槽道 300 mm 的地点,轨旁设备应安装在电缆槽道外侧壁,金属支架与电缆槽道采用防松通透螺栓固定。

②有砟地段的石砟面低于电缆槽道顶面小于 300 mm,甚至高于电缆槽道顶面时,轨旁设备可安装在电缆槽道内。靠线路侧的金属支架与防护墙采用防松通透螺栓固定,另一侧的金属支架应采用化学锚栓与电缆槽底固定。

二、电气绝缘节处设备布置及接地

1. ZPW-2000A · J 型轨道电路电气绝缘节

电气绝缘节处主要包括空芯线圈、调谐单元、匹配变压器、防雷单元等设备,布置与接地示意如图 5-5 所示。

(1)空芯线圈及防雷接地

空芯线圈双体防护罩安装在调谐区中部,允许偏差 ±0.15 m;防护罩转轴应迎着列车运行方向,防护罩内空芯线圈正面远离线路,防雷单元安装空芯线圈背面的底座上。

(2)设备防雷接地

①空芯线圈中点与浪涌保护器间采用多股铜芯软线连接,截面积不小于 10 mm^2。

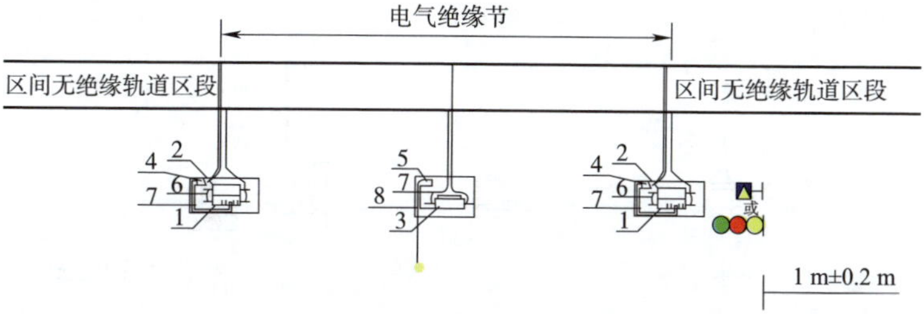

图 5-5　ZPW-2000A · J 型轨道电路电气绝缘节处轨旁设备布置及接地示意图

1—匹配变压器;2—调谐单元;3—空芯线圈;

4—调谐匹配浪涌保护器;5—空芯线圈浪涌保护器;

6—设备连接线(截面积 10 mm^2);7—防雷连接线(截面积 10 mm^2);

8—防雷接地引出线(截面积 25 mm^2/50 mm^2)

②防雷单元与接地装置的连接应采用多股铜芯软线,截面积不小于 25 mm^2。

(3)调谐单元、匹配变压器及防雷接地

①调谐单元、匹配变压器在同一防护罩内;调谐单元安装在线路侧,匹配变压器及防雷单元安装在远离线路侧;

②防护罩转轴应迎着列车运行方向;

③调谐单元与防雷单元并联方式;

④调谐单元 V1、V2 端子与防雷单元间连接应采用多股铜芯软线,连接线截面积不小于 10 mm^2。

2. ZPW-2000A · T 型轨道电路电气绝缘节

电气绝缘节处主要包括空芯线圈、调谐匹配单元、防雷单元等设备,布置与接地示意如图 5-6 所示。

(1)空芯线圈及防雷接地

空芯线圈双体防护罩安装在调谐区中部,允许偏差 ±0.15 m,防护罩转轴应迎着列车运行方向;空芯线圈正面远离线路,防雷单元安装在空芯线圈背面底座上。

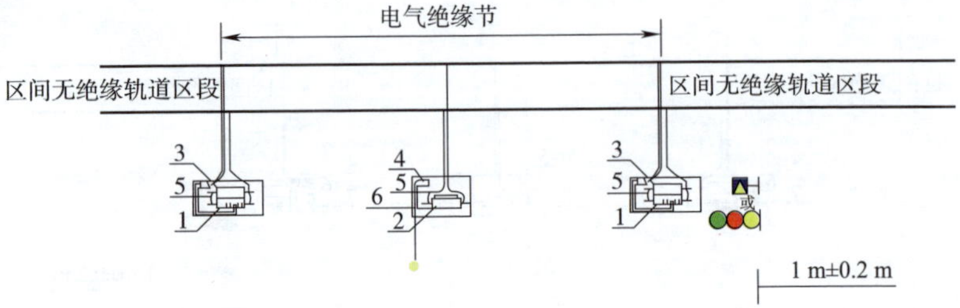

图 5-6 ZPW-2000A·J 型轨道电路电气绝缘节处轨旁设备布置及接地示意图

1—调谐匹配单元;2—空芯线圈;3—调谐匹配浪涌保护器;

4—空芯线圈浪涌保护器;5—防雷连接线(截面积 10 mm^2);

6—防雷接地引出线(截面积 25 mm^2/50 mm^2)

(2)防雷接地

①空芯线圈中点与防雷单元间采用多股铜芯软线连接,截面积不小于 10 mm^2。

②防雷单元与接地装置的连接应采用多股铜芯软线,截面积不小于 50 mm^2。

(3)调谐匹配单元安装及防雷接地

①调谐匹配单元防护罩安装在调谐区端部,防护罩转轴应迎着列车运行方向;调谐匹配单元远离线路侧,防雷单元安装在调谐匹配单元背面。

②调谐匹配单元 V1、V2 端子与防雷单元间应采用多股铜芯软线并联连接,连接线截面积不小于 10 mm^2。

三、机械绝缘节处设备安装及接地

1. ZPW-2000A·J 型轨道电路进站口机械绝缘处设备安装及接地

进站口机械绝缘处轨旁设备主要包括站内防雷匹配变压器、扼流适配变压器、区间扼流变压器、机械空芯线圈、调谐单元、匹配变压器、防雷单元等设备，布置与接地示意如图 5-7 所示。

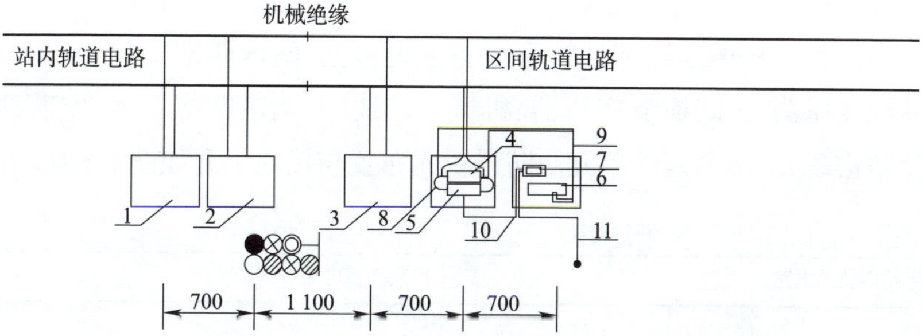

图 5-7　ZPW-2000A · J 型轨道电路机械绝缘节处轨旁设备布置及接地示意图(单位:mm)

1—站内防雷匹配变压器;2—扼流适配变压器;3—扼流变压器;
4—调谐单元;5—机械空芯线圈;6—区间匹配变压器;
7—空芯线圈浪涌保护器;8—设备连接线(截面积 10 mm^2);
9—直埋设备连接线(截面积 7.4 mm^2);10—防雷连接线(截面积 10 mm^2);
11—防雷接地引出线(截面积 25 mm^2)

(1)防雷匹配变压器防护罩与扼流适配变压器中心距离为 650 ~ 700 mm;扼流适配变压器中心与区间扼流变压器中心距离为 1 100 mm;区间扼流变压器与空芯线圈/调谐单元防护罩中心、区间空芯线圈/调谐单元防护罩与匹配变压器防护罩中心距离均为 650 ~ 700 mm。

(2)机械空芯线圈与调谐单元背靠背安装在同一防护罩内,区间匹配变压器安装在区间方向的另一防护罩内。

(3)两个双体防护罩转轴应面向所属区段。

(4)区间匹配变压器与调谐单元间采用多股铜芯软线连接,连接线长度为 2 700 mm,截面积为 7.4 mm^2,本连接线采用直埋方式。

(5)机械空芯线圈与调谐单元间采用多股铜芯软线在防护罩内

连接，长度为 200 mm，截面积不小于 10 mm^2。

2. ZPW-2000A·T 型轨道电路进站口机械绝缘处设备安装及接地

进站口机械绝缘节处轨旁设备主要包括：站内匹配变压器、扼流适配变压器、区间扼流变压器、机械空芯线圈、调谐匹配单元、空芯线圈防雷单元、调谐匹配单元。防雷单元布置与接地示意如图 5-8 所示。

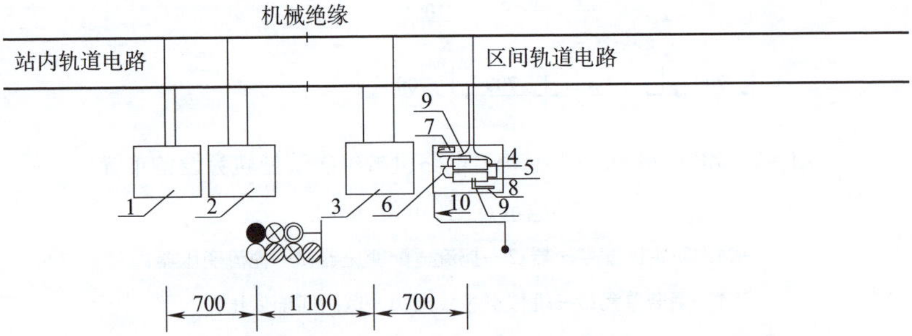

图 5-8　ZPW-2000A·J 型轨道电路机械绝缘节处轨旁设备布置及接地示意图（单位：mm）

1—站内防雷匹配变压器；2—扼流适配变压器；3—扼流变压器；
4—机械空芯线圈；5—调谐匹配单元；6—设备连接线（截面积 10 mm^2）；
7—空芯线圈浪涌保护器；8—调谐匹配单元浪涌保护器
9—防雷连接线（截面积 10 mm^2）；10—防雷接地引出线（截面积 25 mm^2/50 mm^2）

（1）站内防雷匹配变压器防护罩中心与站内扼流适配变压器中心之间的距离为 650～700 mm。

（2）站内扼流适配变压器中心与区间扼流变压器中心之间的距离为 1 100 mm。

（3）区间扼流变压器中心与调谐匹配单元/机械空芯线圈双体防护罩中心与之间的距离为 650～700 mm。

（4）站内匹配变压器防护罩和区间双体防护罩转轴应面向所属

区段。

(5)调谐匹配单元与机械空芯线圈背靠背安装在同一防护罩内。机械空芯线圈面向线路侧,调谐匹配单元远离线路侧。

(6)空芯线圈防雷单元由 2 个 385 V 的模块组成,安装在空芯线圈侧底座上;空芯线圈的中点与空芯线圈防雷单元间采用多股铜芯软线连接,截面积为 10 mm^2;防雷单元另一端与接地装置采用多股铜芯软线连接,截面积不小于 50 mm^2。

(7)调谐匹配单元防雷单元由 1 个 75 V 的模块,安装在调谐匹配单元侧的底座上。调谐匹配防雷单元两端采用多股铜芯软线并联接在调谐匹配 V1、V2 端子上,截面积为 10 mm^2。

3. 站内一体化轨道区段机械绝缘处设备布置

轨旁设备主要包括站内扼流变压器、站内匹配变压器,布置与接地示意如图 5-9 所示。

(1)扼流变压器与匹配变压器双体防护罩中心之间的距离为 650 ~ 700 mm;

(2)绝缘节两侧的扼流变压器间的中心距离为 1 100 mm。

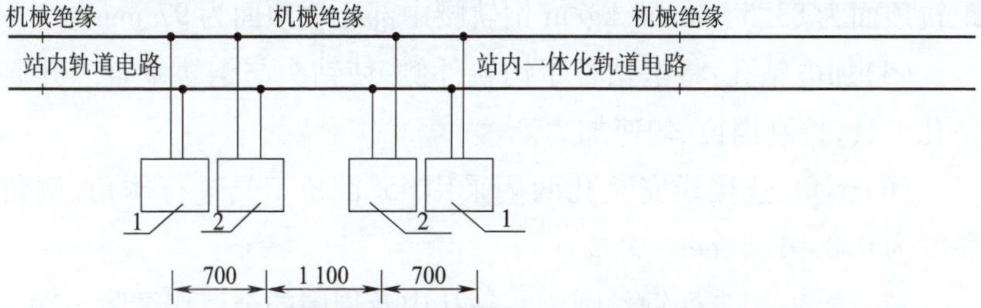

图 5-9　机械绝缘节处轨旁设备布置示意图(单位:mm)

1—站内防雷匹配变压器;2—扼流适配变压器

第二节　钢轨钻孔及连接线安装

一、钢轨钻孔及塞钉固定

1. 钢轨钻孔

钢轨塞钉孔不规范，表现在眼孔过大、偏移、眼孔不圆，塞钉倾斜、塞钉孔进水锈蚀等，造成轨道电路性能不稳定、电容电压下降或失效等，所以在进行钻孔时，应注意以下工作要点：

(1)电钻：采用专业电钻，保证电钻架与钢轨间的位置稳固。

(2)钻头：道岔跳线、电容塞钉采用 $\phi 9.8$ mm 标准钻头，扼流变压器、调谐匹配单元、空芯线圈、道岔并连线等塞钉采用 $\phi 13.5$ 标准钻头。

(3)孔位确定：无缝钢轨的钢轨连接线、道岔跳线、轨道电路并连线、电容连接线孔距离焊缝不小于 400 mm；钢轨绝缘处的钢轨连接线孔距钢轨夹板(鱼尾板)端部为 100 mm ± 10 mm，相邻两孔间的距离为 60 ~ 80 mm。

(4)高度限位：调整钻头位置进行限位。50 kg/m 钢轨腰中部距轨顶面为 83.5 mm，60 kg/m 钢轨腰中部距轨顶面为 97 mm。

(5)加电钻孔：将电钻置于钢轨外侧，使钻头与钢轨垂直。开启钻孔工具，控制挡位、匀速加力。

(6)倒角：连接线安装孔两侧采用 45°倒角工具进行倒角，倒角深度为 0.8 ~ 1.5 mm。

(7)清洁：用带柄钢丝圆刷将钻孔内及周围的金属屑清除干净。

2. 塞钉固定

(1)传统圆锥形塞钉安装

①传统 YG 型钢轨引接线、AD 型道岔跳线、JS 型钢轨接续线

的塞钉均为传统圆锥形塞钉，其头部为 $\phi 10.25_{-0.11}^{0}$ mm，根部 $\phi 10.8_{-0.11}^{0}$ mm，长度为 31.5 mm。

②引接线与塞钉连接时，应使引接线向远离钢轨绝缘夹板方向倾斜，引接线与钢轨底部夹角为 30°~60°。

③塞钉打入深度为露出钢轨 1 ~4 mm；安装完成后，应立即在塞钉头与钢轨的接缝处涂漆封闭（图 5-10）。

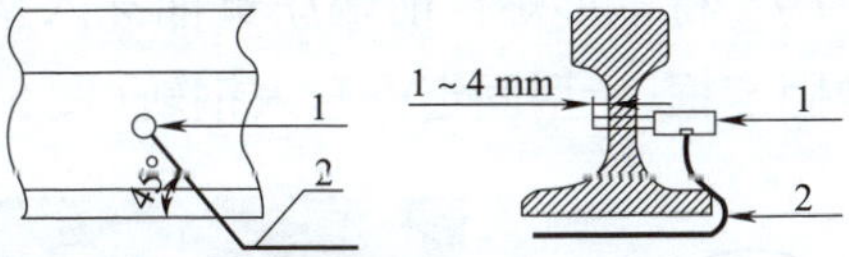

图 5-10　塞钉和钢轨引接线安装示意图

1—塞钉；2—钢轨引接线

（2）膨胀式塞钉及引接线安装

①调谐匹配单元、空芯线圈、补偿调谐、扼流变压器的钢轨连接线，道岔并联线等应选用 ϕ13.5 mm 膨胀式塞钉，补偿电容、钢轨接续线等应选用 ϕ9.8 mm 膨胀式塞钉（图 5-11）。

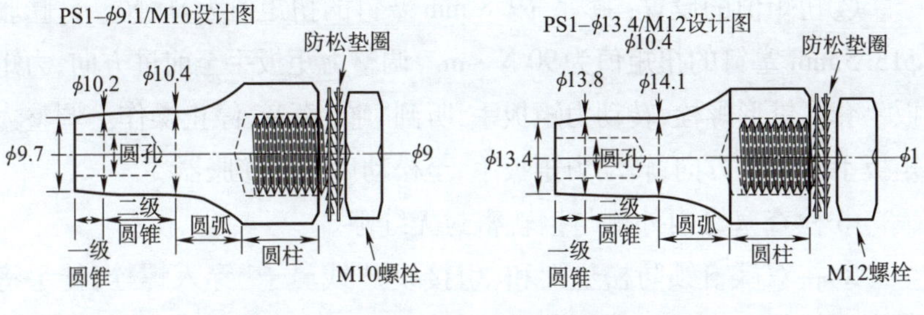

图 5-11　膨胀式塞钉尺寸选择（单位：mm）

②由钢轨外侧向内侧穿入膨胀塞钉，塞钉与钢轨相垂直，塞钉外端外套入带柄圆形套筒，再用 3 磅标准手锤将塞钉打入钢轨侧，并使塞钉端部露出钢轨内侧 2 ~3 mm（图 5-12）。

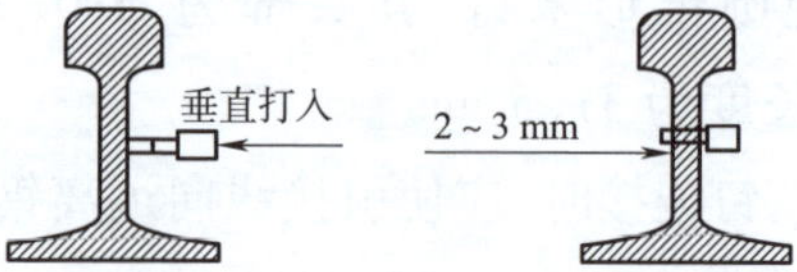

图 5-12　膨胀式塞钉安装示意图

③选择膨胀锥形螺栓（ϕ13.5 mm 塞钉选用 M9，ϕ9.8 mm 塞钉选用 M6 锥形螺栓），将锥形螺栓前端涂黄油穿入塞钉入口处，将关节套筒置于 U 型固定框，U 型固定框套入钢轨（图 5-13）。

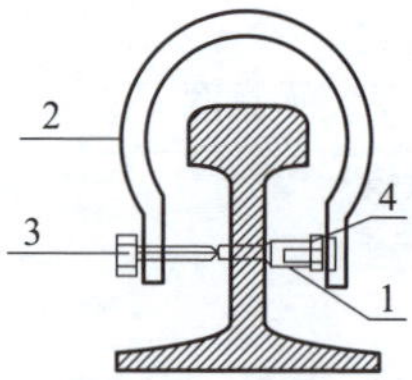

图 5-13　膨胀式塞钉膨胀螺栓安装示意图

1—膨胀式塞钉；2—U 型框架；3—锥形螺栓；4—关节套筒

④扭矩值的设置：膨胀 ϕ9.8 mm 塞钉的扭矩值为 80 N · m，膨胀 ϕ13.5 mm 塞钉的扭矩值为 90 N · m。调整力矩扳手至前进方向，力矩扳手套入锥形螺栓，转动力矩扳手，听到"啪"声音，停止操作。调整力矩扳手至后退方向，转动力矩扳手，至松动后退出膨胀器。

⑤检查塞钉内外侧与钢轨密封无缝隙。

⑥将双碟自锁防松垫圈和（引接线）"线鼻子"穿入螺栓，徒手将紧固螺栓拧入塞钉尾部的螺纹孔。依次将平垫片、"线鼻子"、平垫片、弹簧垫圈、螺母套入螺杆上，徒手拧紧。调整连接线角度（连接线与轨底夹角为 30° ~ 60°）。

⑦采用力矩扳手进行螺栓锁定。力矩扳手设定预置力（拧紧力）参考值：M8 螺栓为 19.7 ~ 25.6 N · m，M10 螺栓为 39 ~ 52 N · m，

M12 螺栓为 58 ~ 88 N · m。力矩扳手套入螺母上，按加力方向转动力矩扳手，听到“啪”的声音，达到预置的扭力即可停止加力操作。

二、连接线安装

1. 无砟轨道板上连接线安装方式

(1)轨道板上钢轨连接线、电容连接线，采用化学锚栓固定方式。

(2)箱式桥梁地段在跨越防护墙时，连接线应穿入高强 UPVC 防护管内，防护管一端穿入防护墙内，另一端应采用化学锚栓和卡具与轨枕板固定。

(3)化学锚栓固定施工：

①设备位置复测标记、定位、钢筋探测、划标记。

②选择带限深装置的电钻、ϕ10 mm 钻头，在轨道板上钻孔，螺栓固定孔应与轨道板面垂直，钻孔深度为 40 mm。

③使用吹风鼓吹出孔内灰尘，植栓前必须保证孔内干燥、无尘。

④选择和灌注黏合剂，植入锚栓，在黏合剂未凝固前不应紧固锚栓。

⑤理顺连接线，将钢轨引接线、电容连接线在轨道板上两螺栓间顺直，无弯曲。

⑥在螺杆上依次穿入卡具、垫圈、弹簧垫圈、螺母，拧紧第一个螺母，再紧固防松螺母。螺杆露出外部螺母不少于 5 mm。

连接线固定尺寸及化学锚栓固定如图 5-14 所示。

2. 其他固定方式

(1)有砟区段采用电容枕、电气枕时，一般情况下电容枕侧面预留槽，应背对正向列车来向。其电容连接线、钢轨引接线布设在轨枕预留槽内，预留槽周边预设了内嵌螺母，在连接线布设顺直后，应将堵板和螺丝连接拧紧。

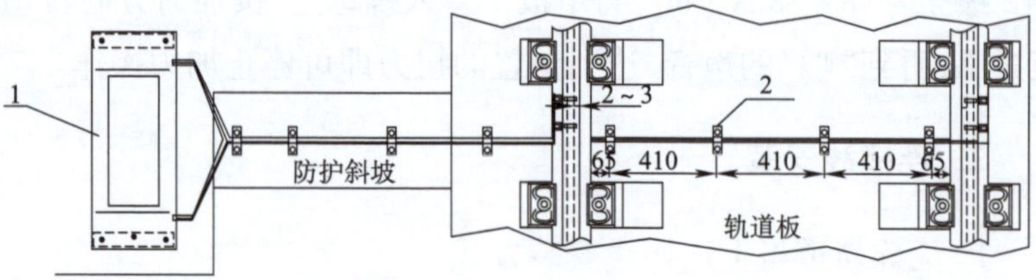

图 5-14 无砟轨道板连接线及化学锚栓安装示意图(单位:mm)

1—轨旁设备;2—M8 ×70 化学锚栓

(2)有砟地段轨枕无电容枕、电气枕时,可将连接线采用化学锚栓及带绝缘防护的卡具固定在轨枕侧面。连接螺栓采用垫圈、弹簧垫、双螺母(其中外部为防松螺母)固定。

(3)有砟地段在设备与轨枕较远时,可采用小枕木防护,连接螺栓采用垫圈、弹簧垫、双螺母(其中外部为防松螺母)固定。

第六章　室内轨道电路设备安装

第一节　设备布置

一、室内设备柜位置测量

1. 测量准备

(1)熟悉设备布置设计图。

(2)了解电缆成端柜(DLG)、区间(站内)综合柜(QZH)、区间组合柜(QZ)、区间移频柜(QY)、电源屏、UPS柜、电池柜等相关设备的几何尺寸。

(3)了解其他信号设备布置情况。

(4)调查室内的其他设备安装位置。如空调、消防、暖气片等相关设备的位置及数量,防静电地板的几何尺寸、螺栓高度。

2. 设备布置策划

(1)根据相关设备尺寸,结合设备布置图,分析机柜布置是否合理。原则上,电源屏与区间移频柜就近,中部为区间移频柜,综合柜与电缆成端柜就近的排序,进行策划。

(2)主机房内通道与设备间的距离布置原则

①用于搬运设备的通道净宽不应小于1.5 m;

②面对面布置的机柜或机架正面之间的距离不宜小于1.2 m;

③背对背布置的机柜(架)背面之间的距离不宜小于0.8 m;

④当需要在机柜(架)侧面和后面维修测试时,机柜(架)与机柜(架)、机柜(架)与墙之间的距离不宜小于1.0 m;

⑤成行排列的机柜(架),其长度超过6 m时,两端应设有通道;

当两个通道之间的距离超过 15 m 时,在两个通道之间还应增加通道。通道的宽度不宜小于 1 m,局部可为 0.8 m。

二、设备位置确认

(1)设备布置总图打印后交现场操作人员现场复核。

(2)现场操作人员采用激光、盒尺、水性彩笔等,按照设备布置总图,在防静电地板下的地面上进行框架划线。

(3)划线完毕,再复核与其他设备之间距离,是否影响施工、维护人员通行。

第二节 设备安装

一、机柜安装及连接

1. 布置测量

(1)采用激光测距仪测量安装位置。

(2)采用红外线垂准仪控制机柜垂直度及间距。

(3)根据底座的安装孔位置,在地面上划线,确定钻孔位置。

2. 机柜底座固定

(1)根据设备柜、机柜类型选择相应底座。

(2)按划线位置进行钻孔,底座采用膨胀螺栓安装在瓷砖地面上,排列整齐。

(3)机柜底座顶面铺设环氧树脂板后防静电地板标高平齐。

(4)将机柜底座与地面连接并紧固。

机柜底座及绝缘安装如图 6-1 所示。

3. 机柜安装

(1)调整机柜底座与机柜向平,使底座与机柜的两个连接孔吻

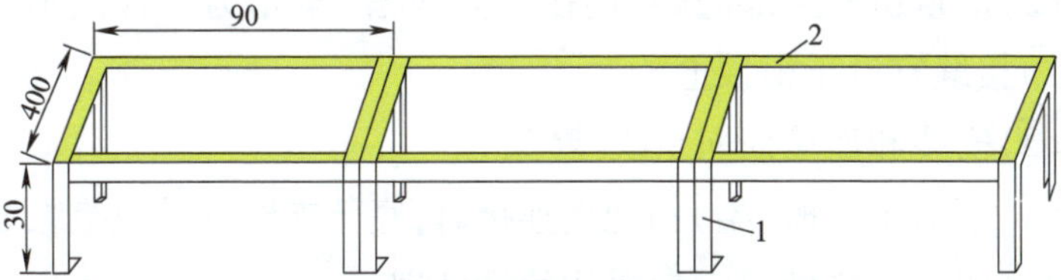

图 6-1 机柜底座及绝缘示意图(单位:mm)

1—机柜底座;2—环氧树脂板

合,用 M8 ×30 mm 尼龙螺栓连接紧固。

(2)相邻间加入 1 mm 环氧树脂板,并用高强尼龙螺栓将树脂板和机柜紧固,如图 6-2 所示。

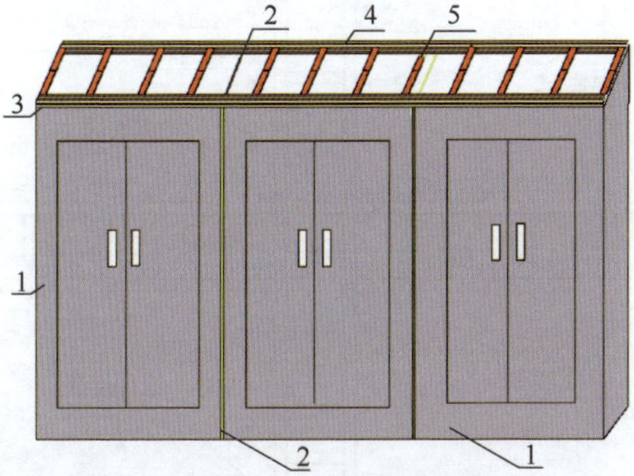

图 6-2 机柜安装及连接示意图

1—机柜(设备柜);2—柜间环氧树脂板;3—机顶绝缘;4—柜顶线架;5—横撑;6—固线器

二、走线槽或线架

1. 走线槽或线架布置和安装(图 6-3、图 6-4)

(1)根据设备布置图,确定走线槽(架)安装方式。电源线、网线宜采用下部走线槽(架)布线方式,综合柜(防雷分线柜)至组合柜、组合柜至移频柜间的线缆宜采用上部(柜顶)布线方式。

(2)测量机柜上部间距,连接纵向线槽(架),为保证线槽平顺,槽(架)接缝宜设于柜顶上。

(3)安装和连接横向走线槽(架)。

(4)下部走线槽(架)与地面连接时,底部支架应采用绝缘处理。

(5)闭合的线槽(架)应采用绝缘处理。

(6)走线槽采用钢槽时,槽内立面和地面应粘贴防火绝缘板,槽接缝处应采用铜芯绝缘软线连接,连接线截面积不小于 6 mm^2。

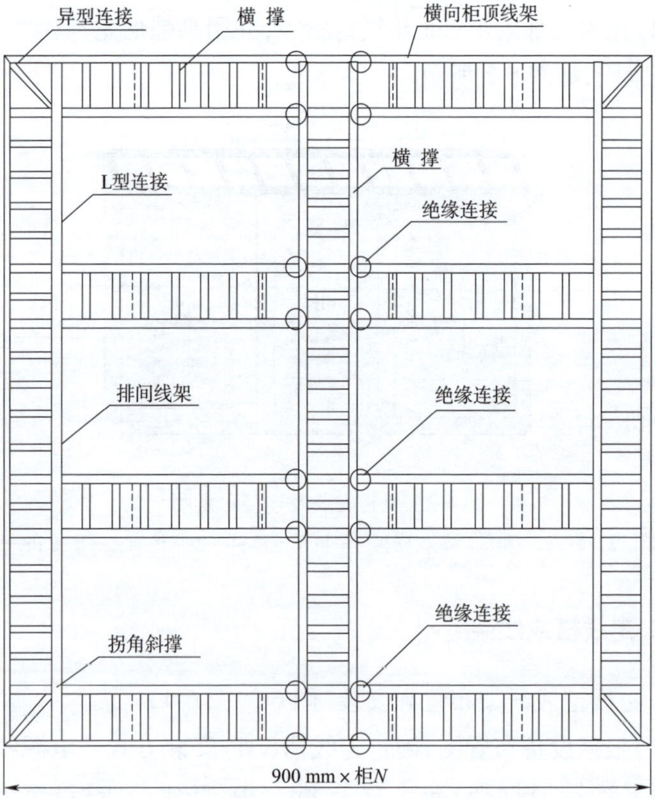

图 6-3　线架布置与安装

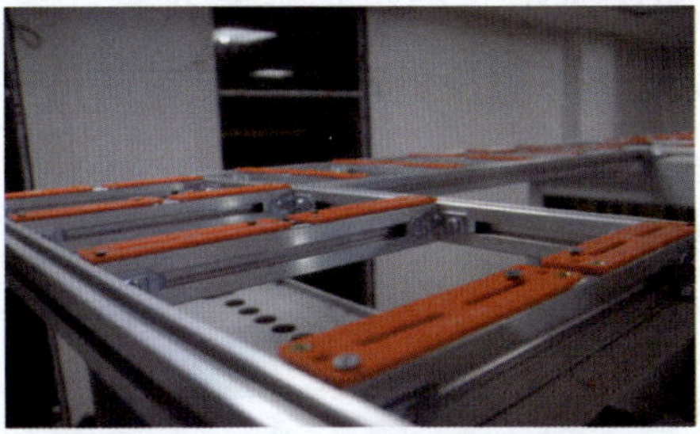

图6-4　机柜上部线架布设示意图

第三节　设备布线及配线

为减少各种线缆间的干扰，对屏蔽线、对角线布线时增加了隔离栅。隔离栅为Π型框架，可使线缆遵循左右分开（即发送、接收左右分开），单层并列（单层不捆绑），上下分离（不同性质的缆线分层布设，上下层有间隔）的原则，解决了发送、接收相互干扰，成捆绑扎散热，不同性质电缆干扰等问题。

一、线缆布放

1. 线缆布放BIM策划原则

（1）各种接地设置下部走线架，并与线槽（架）分开设置。

（2）电源外电引入独立设置下部走线架独立布线。

（3）电源屏引出至机柜线缆下部走线，柜顶靠近电源端子侧布放。

（4）柜顶的移频发送、左右分离布放。

（5）站内信号机、道岔控制、监测等不同性质的柜间配线，分层布设。

（6）联锁、列控至接口柜驱采独立设置下部走线架并分两侧布放。

(7)各种线缆碰撞时,近端在下,远端在上。

(8)下部线架避开防静电地板支架和其他非信号设备安装位置。

2. 线缆现场布放

(1)主要根据现场物资采购等实际情况,不同性质的线缆可采用线缆颜色区分,也可采用固线器颜色区分。

(2)首先底部对角安装固线器,本层布设完毕且理顺后,在第二层另外对角安装固线器,依次类推。

(3)在线缆布放 BIM 策划原则的基础上,应设置看图指挥 1 人,线缆始、终端应设熟悉设备和标识的人员,转弯处根据实际情况配置数名辅助人员。

(4)柜内布放:先上后下布放配线,主要是减少交叉。在现场条件不具备时,可采用厂(库)内集中预配方式。

(5)本排布放:相邻的机柜间优先布放,隔架次放,远端后放。

(6)排间布放:相邻排间优先布放,隔排次放,远排后放。

(7)防雷分线柜、综合柜与各柜间布放:防雷分线柜与相邻排间优先布放,隔排次放,远排后放。

二、设备接线

接线方式采用压接方式时,在配线前应检查压接工具、接线材料与导线线径是否匹配,首次压接的端子及每天的首个压接端子应采用 5 ~ 10 kg 的吊坠进行不小于 2 min 压接质量检查,如果铜线(插针)从插头中滑出或铜丝在软线进入插头本体处外露均判定为不合格,此时应检查施工工艺是否存在问题,或更换新压接工具。

1. 弹簧接线端子接线

(1)选用与配线截面积相适应的端子和压接钳。

(2)接线端子压接牢固紧凑,线皮端部距线孔不大于 1 mm,线皮不得插入线孔内。

(3)当配线采用截面积小于1 mm^2的多股芯线时,应先用专用工具将冷压接线帽与多股芯线压接牢固后,再与弹簧接线端子连接。

(4)每个接线端子应一孔一线,线头不应加焊锡。

(5)对压接后的端子是否连接牢固进行检查。

弹簧接线端子配线如图6-5所示。

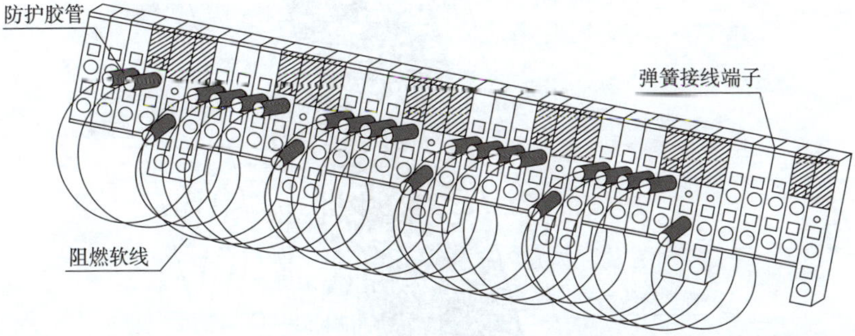

图6-5 弹簧接线端子配线示意图

2. 压接方式接线

(1)选用与配线截面积相适应的端子和压接钳。

(2)压接端子应无污渍、锈蚀、开裂及变形。

(3)接线端子压接牢固紧凑,线环压接处露出线头线不大于1 mm,线皮端部距线环端部不大于1 mm,线皮不得插入线环内。

(4)压接配线应严格按照操作工艺进行施工。

(5)对压接后的端子是否连接牢固进行检查。

3. 焊接方式接配线(图6-6)

(1)焊接时严禁使用带有腐蚀性的焊剂,可使用酒精松香做焊剂。

(2)每根塑料线应穿入有去向标识的线号管。

(3)芯线应从下向上穿入端子孔。

(4)焊接时不应烫伤相邻线缆。

(5)焊点应光滑、饱满,无毛刺、假焊、虚焊现象。

(6)端子套入线号管,线号管直径应与端子尺寸(5 mm、6 mm、8 mm)相匹配,套管长度应均匀一致。

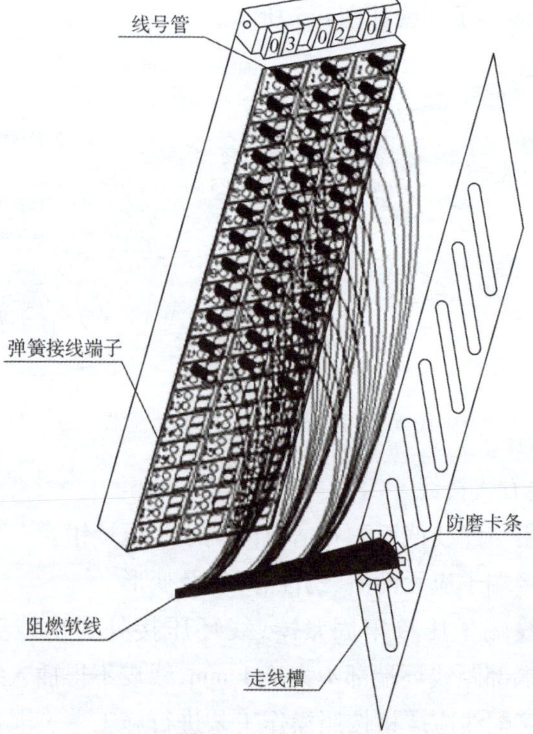

图 6-6 焊接方式配线示意图

第四节 设备接地

室内设备接地包括电缆金属护套接地、电源防雷接地、传输通道防雷接地、安全保护接地。因为车站不仅包含ZPW-2000A型轨道电路设备,还包括信号机、道岔转辙机、应答器、其他轨道电路、监测系统等设备,所以室内接地应进行综合考虑、总体布置。

一、通用要求

(1)电缆金属护套接地、电源防雷接地、传输通道防雷接地、安全保护接地的等电位接地端子板/排应独立设置,并与房屋内房建专业预留接地端子连接。房屋内无预留接地端子时应单独设置接地连接线直接与接地网连接。

(2)等电位接地端子板/排应采用30 mm×3 mm的铜排,或采用2根截面积不小于25 mm^2多股铜芯软线并作为一根接地线使用。

(3)无防静电地板时,等电位接地端子板/排应安装在墙面上,底沿距地面200 mm。

(4)有防静电地板时,等电位接地端子板/排应安装在防静电地板下方的地面上。

(5)相同用途的等电位端子板/排应采用分支并联方式与室内设备连接,不同用途的设备接地端子与等电位端子板/排不得交叉连接。

(6)等电位端子板连接不得构成闭合回路。

(7)等电位端子板应有用途明显标识。

二、电缆引入室内的金属护套接地

1. 设备房屋引入口电缆金属护套接地(一次接地)(图6-7)

(1)设备房屋引入口时,应在电缆间或电缆引入口处进行电缆金属护套接地。

(2)电缆金属护套接地应采用成端接地盒。

(3)电缆钢带(断开)、铝护套(不断)通过成端盒接地端子与

30 mm×3 mm 分支接地铜排连接。

(4)分支接地铜排与引入口处电缆金属护套接地等电位接地端子板/排连接。

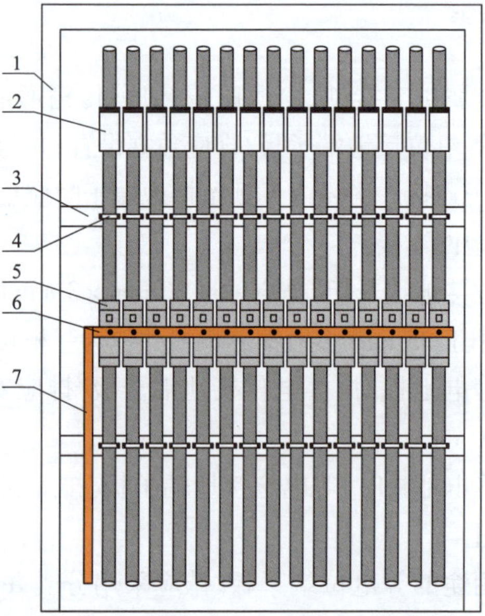

图 6-7 电缆金属护套一次接地示意图

1—立架(铝合金);2—电缆去向铭牌;3—横撑(铝合金);4—电缆卡具;
5—成端盒(一次);6—横向铜排;7—引出铜排

2. 室内设备柜处的电缆金属护套接地(二次接地)(图 6-8)

(1)电缆金属护套接地应采用成端接地盒。

(2)钢带、铝护套及泄流线通过成端盒接地端子与 30 mm×3 mm 分支接地铜排连接。

(3)分支接地铜排与室内电缆金属护套接地等电位接地端子板/排连接。

(4)电缆金属护套接地与等电位接地端子板/排间连接,连接线截面积不小于 50 mm^2。

(5)电缆四芯组绝缘保护层应保留至移频综合柜引入口处。

(6)本电缆的芯线组屏蔽网线环联后,接至柜内 FLE 汇集板上。

(7)FLE 汇集板与传输通道防雷接地端子板(分支)连接,连接线截面积不小于 50 mm^2。

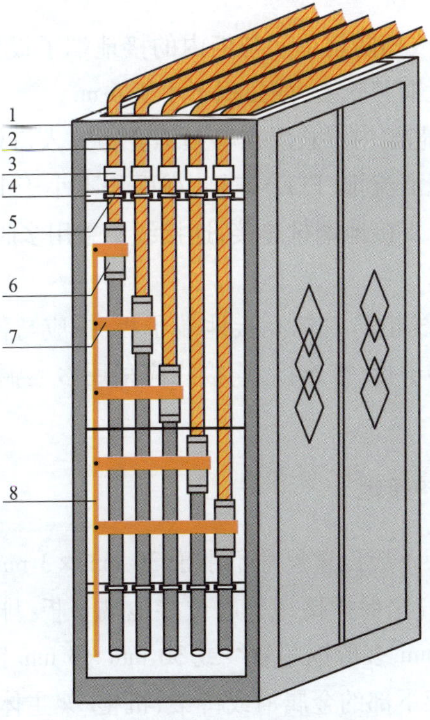

图 6-8　电缆金属护套二次接地示意图

1—电缆成端柜(或成端架);2—阻燃波纹管;3—电缆去向铭牌;4—横撑(铝合金);5—电缆固定卡具;6—电缆成端盒(二次);7—横向铜排;8—引出铜排

三、电源防雷接地

(1)电源防雷箱外壳与防雷箱内接地端子连接,连接线应采用多股铜芯软线，截面积不小于 6 mm^2。

(2)电源防雷箱内接地端子、首个电源屏引入侧防雷单元接地端子板/排应与电源防雷接地等电位接地端子板/排连接，连接线应采用多股铜芯软线，截面积不小于 50 mm^2。

四、传输通道防雷接地

(1)防雷分线柜防雷单元与柜内的接地端子板/排间应连接，连接线应采用多股铜芯软线，截面积不小于 6 mm^2。

(2)电缆四芯组内屏蔽层在移频综合柜引入口处用双根扁平网与柜内防雷接地汇流排(FLE)连接，截面积不小于 1.5 mm^2；FLE 与传输通道防雷分支接地铜排连接，连接线应采用多股铜芯软线，截面积不小于 50 mm^2。

(3)防雷分线柜防雷单元接地端子板/排应与传输通道防雷接地等电位接地端子板/排连接，连接线应采用多股铜芯软线，截面积不小于 50 mm^2。

五、安全保护接地

(1)机柜/架下应设置尺寸不小于 30 mm×3 mm 的安全保护分支接地铜排，与安全保护接地等电位接地端子板/排连接，连接线应采用不小于 50 mm^2 多股铜芯软线或 30 mm×3 mm 铜排。

(2)机柜/架下部的金属槽或桥架、机柜/架主体、移频综合柜内屏蔽接地汇集板与安全保护分支接地采用铜排拴接，连接线应采用多股铜芯软线，截面积不小于 16 mm^2。

(3)设备门与柜体、机柜/架顶部金属线缆槽间或桥架接缝处应连接，连接线应采用多股铜芯软线，截面积不小于 6 mm^2。

(4)柜内电子设备金属外壳、屏蔽线缆金属外层等应作等电位连接。

第七章　轨道电路设备调试

第一节　设备模拟试验

一、调试前室内准备工作

（1）导通核对：室内组合柜、移频柜、接口柜等各种机柜的内外部进行导通核对。

（2）防雷及接地：室内设备防雷接地已完成，并接地良好。

（3）电源：输入电源稳定可靠，各项输出指标符合要求、极性正确。

（4）插入设备：按机柜布置图将发送器、接收器、衰耗盘安装在对应位置，并用锁闭钥匙紧固。

（5）制作模拟盘：根据线路情况进行模拟盘制作。模拟盘的每个轨道区段的单元按照如图7-1所示接线。图中K为钮子开关或非自复式按钮，R为12 kΩ/2 W电阻。

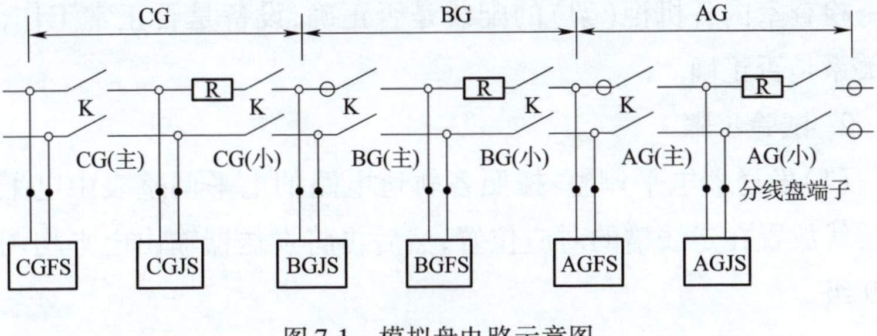

图7-1　模拟盘电路示意图

（6）对照轨道区段配置情况，编制轨道区段调整表（表7-1）。

表 7-1 轨道区段调整表

轨道电路名称	频率	轨道电路长度	送端电缆实际长度	受端电缆实际长度	送端模拟电缆补偿长度	受端模拟电缆补偿长度	补偿电容		发送电平	接收电平
							容量	个数		
AG										
BG										
CG										
…										

(7)需要调整的内容

①发送电平等级按照轨道电路调整表对发送器端子进行调整。

②接收电平等级按照轨道电路调整表对衰耗盘端子进行调整。

③模拟电缆补偿长度根据电缆补偿长度调整表,对电缆模拟网络盘端子进行调整。

④小轨道电路的调整,在开通要点后根据衰耗盘轨入测试孔测量的小轨道信号的大小进行调整。

二、室内设备模拟试验

1. 目的

检查室内各机柜(架)的配线是否正确,设备是否正常工作,联锁关系是否正确。

2. 试验步骤

(1)发送器电平调整:按照各轨道电路的电平调整表中电平将连接线放置在走线槽的对应位置,然后再将发送器输出电平均调整至9级。

(2)接收器电平调整:将主轨道接收电平按电平调整表中电平在衰耗盘调整好。

(3)小轨道调整:将接收器小轨道按输入电压为80 mV 调整。

(4)模拟网络调整:将电缆模拟网络按照 10 km 调整。

(5)模拟连接:将模拟盘引出线,对应相关区段在分线盘电缆端子侧连接。

(6)闭合轨道电路:完成上述工作后,再闭合相应断路器。确认每个发送器有且只有一个低频编码后发送器即可正常工作,从发送功出塞孔测得有 38 V 左右的输出。

(7)小轨道选频调整:在确认正方向继电器吸起的状态下,对接收器小轨道进行选频调整。

(8)选频方法:查看线路平面布置图,若与本区段相邻的发送器为 XXXX-1,则接收主机的 X1(Z)上对应有 +24 V 电源;若本接收器相邻的发送器为 XXXX-2,则接收主机的 X2(Z)上对应有 +24 V 电源;若选型不对则将 X1(Z)与 X2(Z)对调。注意:备机的小轨道选型应与主机选型一致。

(9)参数测量:当主轨道信号(衰耗盘"轨出 1"塞孔测量)大于或等于 240 mV,且前方相邻小轨道接收器送回 24 V(衰耗盘"GJ"测量大于 30 V)后,轨道继电器应吸起;同时该接收的小轨道信号(衰耗盘"轨道 2"测量)达到 100 ~ 280 mV 时且小轨道选型正确,则输出小轨道执行条件(衰耗盘"XGJ"测出大于 30 V 电压)。

(10)联锁试验:在各区段的发送器、接收器工作正常(工作指示灯亮灯),轨道继电器吸起后,则表示本区段工作正常。即可进行排列进路、轨道占用、列车跟踪、改变运行方向及联系电路等各种相关条件的联锁试验。

(11)冗余试验:发送器、接收器、通信盘、通信总线等冗余环节进行冗余试验。

(12)移频报警试验:当所有轨道区段设备工作正常时,移频报警继电器(YBJ)吸起,分别断开发送器或接收器的电源,YBJ 应失磁落下。

第二节 室内外设备挂连试验

一、设备挂连前的施工准备

在室内外设备模拟试验完成后，拆除各种模拟条件，将室内和室外设备正常连接后，进行轨道电路室内外挂连，对位试验。

既有线试验可在开通时进行。也可以进行要点试验，试验完毕后及时恢复既有设备。

1. 确认工作

（1）模拟试验完整，确认联锁关系正确，设备接口等已试验完毕，控制台、设备显示正常无异常现象。

（2）根据设计施工图，试验过程中发现的错误，应修改正确、完整。

2. 挂连试验应准备的资料

（1）电缆补偿长度调整表；

（2）发送电平调整表；

（3）接收器主轨道电平调整表；

（4）接收器小轨道调整表；

（5）轨道电路调整表。

二、轨道电路设备调整

（1）电缆补偿长度调整：确认电缆实际长度，按电缆补偿长度调整表内连接端子，进行调整，并复核配线正确。

（2）发送电平调整：根据设计图轨道电路载频、实际长度，按设计院提供发送电平调整表内连接端子进行调整，并复核配线正确。

(3)接收器主轨道电平调整:根据设计图轨道电路载频、实际长度,按设计院提供接收电平对表内连接端子进行调整,并复核配线正确。

(4)小轨道电平调整:在测量到输入电压后,按小轨道电平调整表内连接端子(包括正向和反向)进行调整,并复核配线正确。

三、轨道电路设备测试

在设备正常运行后,应进行相关指标测试。

1. 从衰耗盘塞孔测量各设备电压范围

(1)发送电源:发送器 24 V 工作电源,23.5~24.5 V;

(2)接收电源:接收器 24 V 工作电源,23.5~24.5 V;

(3)发送功出:发送器输出电平与调整表范围一致;

(4)轨入:接收器输入电压(主轨道与相邻小轨道叠加),主轨道输入与调整表范围一致,小轨道应大于或等于 42 mV;

(5)轨出 1:主轨道信号经过调整后的输出电压,与调整表范围一致,大于或等于 240 mV;

(6)轨出 2:小轨道信号经过衰耗调整后的输出电压,应在 110 mV 左右;

(7)GJ(Z):主机轨道继电器电压,大于 20 V;

(8)GJ(B):并机轨道继电器电压,大于 20 V;

(9)GJ:轨道继电器电压,大于 20 V;

(10)XGJ(Z):主机小轨道继电器(或执行条件)电压,大于 20 V;

(11)XGJ(B):并机小轨道继电器(或执行条件)电压,大于 20 V;

(12)XGJ:小轨道继电器(或执行条件)电压,大于 30 V,空载大于 50 V。

2. 轨道电路测试

(1)调整状态(轨道空闲)电压测试:发送功出、送端轨面、受端轨面、接收轨出 1 等各点电压应符合调整表范围，轨道电路的发送、接收设备工作正常，轨道继电器可靠吸起。

（2）分路状态（轨道占用）电压测试：在轨道电路轨面任一处（电气绝缘节区域除外）用标准分路线分路时，轨道继电器落下，分路残压小于规定要求。

（3）机车信号入口电流测试：用标准分路线分路时，轨道区段频率为 1 700 Hz、2 000 Hz、2 300 Hz 的分路电流应大于 500 mA，轨道区段频率为 2 600 Hz 的分路电流应大于 450 mA。

（4）轨道电路正、反方向检验均应符合上述要求。